初中数学教学研究的
"12"个实践探索

孙树德 / 著

吉林人民出版社

图书在版编目（CIP）数据

初中数学教学研究的"12"个实践探索 / 孙树德著
. -- 长春：吉林人民出版社，2023.11
ISBN 978-7-206-20579-8

Ⅰ.①初… Ⅱ.①孙… Ⅲ.①中学数学课—教学研究
—初中 Ⅳ.①G633.602

中国国家版本馆CIP数据核字（2023）第225572号

初中数学教学研究的 "12" 个实践探索
CHUZHONG SHUXUE JIAOXUE YANJIU DE "12" GE SHIJIAN TANSUO

著　者：孙树德
责任编辑：田子佳　　　　　封面设计：李　娜
吉林人民出版社出版发行（长春市人民大街7548 号　　邮政编码：130022）
印　　刷：北京政采印刷服务有限公司
开　　本：787mm×1092mm　　1/16
印　　张：14　　　　　字　　数：170千字
标准书号：ISBN 978-7-206-20579-8
版　　次：2023年11月第1版　　印　　次：2023年11月第1次印刷
定　　价：58.00元

如发现印装质量问题，影响阅读，请与出版社联系调换。

前　言

　　时间如清风般从我们的指间滑过，无声无息。我大学毕业至今，已有 16 个年头了。快得我都不曾驻足一望，蓦然回首间，时光已逝，而我一直在反思自己的学习和教学经历，深切感受这些年数学教学的重大转型。

　　当前，我们正立足于新一轮的教育改革，数学作为一门基础学科，扮演着培养学生逻辑思维、创造力和问题解决能力的重要角色，社会对教育教学提出了更高的要求，数学教育者肩负着神圣的使命，教师要从教知识转向教素养，要不断去优化自己的专业素养，提升自己的业务水平。

　　我觉得自己是个很幸运的人，参加工作之后一路上遇到了很多好导师，让我受益良多。非常感谢东莞市初中数学两任教研员刘裔远和谭宏杰老师多次给我提供了锻炼学习的平台，在我遇到困难和挑战时，非常感谢两位教研员多次的鼓励与指导。毕业至今，我参加了多个省、市名师、名班主任工作室，我非常感谢工作室的导师张青云、余再超、于蓉萍老师的悉心指导，他们都是满身教育情怀的智者，我常常被他们的真诚和魅力所吸引，被他们满怀身心的工作投入而感动，感谢让我在最美的季节遇上最美的导师。这些年来，在导师们的引领下，我学习到先进的教育理念，参与了精彩的对话交流，分享了独特的教育体验，体会到灵动的教育智慧，得到最有价值的专业引领。非常感谢各位导师给我创建学习平台，让我能有机会认识并向知名的专家、学者、名师学习，提高自身业务水平。在这些年里，我有幸聆听了专家们的精彩讲座，如章建跃博士、吴有昌教授、刘秀湘教授、黄志红博士等名家大咖，他们秉着务实的态度，形象生动地阐述了自己研究领域的教学思考，他们的讲座深入浅出、案例丰富，这对我们如何有效提高数学教学质量具有很好的指导作用，从名师身上我看到了什么是"孜孜以求"。

随着一次次的学习交流，一次次的思想碰撞，也逐渐领悟到专家的新理念，对新课改的深入实施有了更多的思考与实践的激情。毕业后第4年，教学实践让我对课堂教学有了一点新的理解，自己很想把平时在课堂捕捉到的点点滴滴形成文章，甚至还有投稿发表的念想。2011年11月，我抱着尝试的态度，第一次向国内一些数学教学刊物投稿。记得在投稿之后，每次登录邮箱查看征稿是否采用的那一时刻，就像在刮彩票一般，内心感到无比期待和兴奋。守望发表的心一天一天的等待，一个月后，我打开邮箱终于收到了稿件采用的通知，那一刻，我内心泉如潮涌，激动万分。我的文章中的想法和做法得到了肯定和采纳，这对一个毕业不久的年轻教师来说，是一个莫大的鼓励。写作给我带来了信心和乐趣，在2012年那一年里，我连续发表了4篇文章。2014年，我的一篇文章发表在《中国数学教育》，并在中国人大复印报刊资料全文转载。有一种成长，叫做写作，写作带给了我更深的教学思考，发表文章与广大教师交流学习，给了我极大鼓励和满足。截至现在，我在国家级和省级刊物发表了20多篇文章，主持和参与省、市级课题8项。本著作的出版源于本人对数学教学的关注和热爱，主要是遴选了我这些年来发表过的文章，研究内容包含了概念教学、原理教学、复习教学、探究教学、解题教学、教材研究、教学风格、翻转课堂、中考研究、作业设计、融错教学、课堂观察等常见的初中数学教学研究"12"个实践探索。大部分是来自本人一线教学实践探索中的课堂实例，理论与实践相结合，希望与读者朋友分享自己的研究心得，一起探索数学的魅力，享受数学带来的智慧和乐趣，共同努力推动数学教育的改革和发展。

行而有研，研而行远。仰望星空，一路修行。在努力前行的道路上，我遇到了许多良师益友。我要特别感谢东莞市教育局教研室初中数学教研员谭宏杰老师，东莞市寮步镇外国语学校尹效登校长、李杨威副校长、江青松主任，东莞市寮步镇香市中学袁洪发校长，东莞市未来学校校长助理刘骞远老师，广东省名师工作室主持人张青云老师、余再超老师，东莞市名班主任工作室主持人于蓉萍老师，感谢老师们给了我大力的支持和悉心指导。我还要感谢一路陪伴我成长的学校同事们和工作室的伙伴们！感谢大家对本专著的出版提供帮助，感谢您对本专著的关注和支持。

由于首次出版专著，水平有限，经验尚浅，书中谬误肯定不少，敬请读者批评指正并提出宝贵的意见，感激不尽。

孙树德

2023 年 7 月于东莞寮步

目　录

第4章　探究教学

第5章　教材整合

第6章　解题教学

第7章　教学风格

第8章 中考研究

第9章 翻转课堂

第10章 作业设计

第11章 融错教学

第12章 课堂观察

第 1 章

原理教学

　　在定理、公式、法则等原理教学中，要注重对教与学多层次剖析与加工，优化课堂结构，精心设计每一个问题，引导学生对数学原理进行猜想、证明、归纳、应用、总结，凸显知识的发生、发展路径，进一步激活深度思维，使学生的核心素养得到进一步发展和提升。

基于深度学习的数学原理教学研究

——以《二次函数的图象与性质》（第3课时）的课堂教学为例

随着课程改革的不断推进，深度学习成为了深入推进核心素养教学改革倡导的教学方式。深度学习注重对教学多层次剖析与加工，实现认知结构的建构和联结、知识的内化迁移和创造，最终培养学生的高阶思维能力。"深度教学"是从教师教的角度来说的，在课堂中让学习呈现知识本身的属性并还原学习的本质，让学生更多地经历知识的形成过程，培养学生的学科思维，发展学生的能力。

根据信息加工心理学安德森等人对知识的分类，数学学科的事实性知识和概念性知识包括数学概念与原理。数学原理一般以正确的数学命题呈现，表现为性质、法则、公式、公理、定理等。章建跃在其著作《数学教育心理学》中指出：数学原理的学习对应于加涅的"规则"学习，或对应于奥苏贝尔的"命题学习"。命题一般由若干概念组成，所以数学原理的学习实际上就是数学概念之间联系的学习。数学原理教学，主要指数学的性质、法则、公式、公理、定理等教学，是数学课堂教学重要课型之一，在中学数学课堂教学中有着重要的地位。但在数学原理教学上，我们经常看到教师将数学原理课变成一节习题课。教师忽视学生合理猜想能力和探究能力的培养，淡化数学原理知识发生发展的形成过程，只重视原理结论进行机械重复运用，这种原理教学缺乏学习的深度，学生难以进行有效的深度学习，不利于学生数学核心素养的发展。数学原理教学如何融入深度学习的理念？在此，本章以数学原理课《二次函数的图象与性质》（第 3 课时）的课堂教学为例，谈谈基于深度学习的数学原理教学的实践与思考。

1 教学课例

1.1 教学内容

二次函数 $y = a(x - h)^2 + k$ 的图象与性质。

1.2 教学分析

二次函数顶点式的图象与性质是二次函数这个单元的重要内容，顶点式能直观体现二次函数的开口方向、顶点、对称轴、最值及其增减性，对后续运用图象与性质解决实际问题起到关键的作用。但二次函数具有一定的抽象性，部分学生出现学习困难，对二次函数顶点式的图象与性质理解不透彻。

本节课是在讨论二次函数 $y = ax^2$、$y = ax^2 + k$、$y = a(x - h)^2$ 的图象和性质的基础上对二次函数 $y = a(x - h)^2 + k$ 的图象与性质进行研究的，学生已经具备了作图、观察、分析等活动经验。本节课学生依然要运用类比的思想和图象运动变换的观点来研究二次函数 $y = a(x - h)^2 + k$ 的图象和性质，让学生经历从特殊到一般的研究过程，进一步体会类比、数形结合、转化和归纳的思想方法。

1.3 教学目标

（1）会用描点法画出二次函数形如 $y = a(x - h)^2 + k$ 的图象，掌握二次函数 $y = a(x - h)^2 + k$ 的性质，理解图象与抛物线 $y = ax^2$ 的图象的关系，理解 a，h，k 对二次函数图象的影响。

（2）引导学生经历动手操作、观察、分析、猜想、论证、归纳等全过程，体验从特殊到一般的研究过程，感受数形结合、类比、转化和归纳等数学思想方法。

（3）在类比探究二次函数 $y = ax^2$、$y = ax^2 + k$、$y = a(x-h)^2$ 的图象和性质的经验上，进一步体会研究函数图象和性质的一般套路。

1.4 教学过程

环节一：情境导入，复习回顾

问题1：同学们，前面我们已经学习了一些关于二次函数的图象和性质，你认为可以从哪些方面研究二次函数的图象与性质？你能总结一下研究思路吗？

问题2：将二次函数 $y = -\dfrac{1}{2}x^2$ 的图象向下平移 1 个单位，所得图象的解析式是什么？将二次函数 $y = -\dfrac{1}{2}x^2$ 的图象向左平移 1 个单位，所得图象的解析式是什么？

问题3：请大家猜想将二次函数 $y = -\dfrac{1}{2}x^2$ 的图象先向下平移 1 个单位，再向左平移 1 个单位，所得图象的解析式是什么？

设计意图：本节课从学生的最近发展区入手，优化课堂结构，设计合理的有层次课堂教学，安排好教学活动顺序。通过问题1引导学生回顾函数是从画出图象到观察分析图象的位置、形状、函数的变化等方面来研究图象与性质的，通过此问题帮助学生体会研究函数的思路：解析式—图象—性质—应用。再由问题2回顾前面学习二次函数 $y = ax^2$、$y = ax^2 + k$、$y = a(x-h)^2$ 的图象和性质，以及二次函数 $y = ax^2 + k$、$y = a(x-h)^2$ 与 $y = ax^2$ 图象的位置关系，既可以复习前面学习的内容，激发学生的兴趣，又可以设"悬"立"疑"进入数学原理的引入、猜想，激活学生思维，发展学生的合情推理能力，引发学生的思考，为解决抛物线 $y = ax^2$ 与 $y = a(x-h)^2 + k$ 的图象关系起到了铺垫作用。由问题3引发学生类比探究二次函数 $y = ax^2$、$y = ax^2 + k$ 和 $y = a(x-h)^2$ 的图象和性质的方法来探究二次函数 $y = a(x-h)^2 + k$ 的图象和性质。

环节二：探索归纳，发现新知

问题4：画出 $y = -\dfrac{1}{2}(x+1)^2 - 1$ 图象，你能指出它的开口方向、对称轴和顶点吗？（学生动手画图，讨论交流）

追问1：除了从图象上看出对称轴是直线 $x = -1$，还有没有其他方法找到对称轴？

追问2：除了看到它的开口方向、对称轴和顶点坐标，还能看到其他图象特征吗？

追问3：抛物线 $y = -\dfrac{1}{2}x^2$ 与 $y = -\dfrac{1}{2}(x+1)^2 - 1$ 的图象有什么关系呢？我们把 $y = -\dfrac{1}{2}x^2$ 的函数图象一起画出来，大家对比分析一下。

追问4：两个的图象形状也一样吗？有什么办法可以验证形状相同呢？

追问5：刚才我们提出来的猜想正确吗？那我们试一下，（课件动画中）二次函数 $y = -\dfrac{1}{2}x^2$ 的图象先向下平移1个单位，再向左平移1个单位，所得图象的解析式正好与 $y = -\dfrac{1}{2}(x+1)^2 - 1$ 完全重合。在这里我们印证了这个猜想正确。除了这种平移方法，还有其他方法吗？

追问6：我们以后把形如 $y = -\dfrac{1}{2}(x+1)^2 - 1$ 这样的二次函数，叫做顶点式，用字母表示为顶点式 $y = a(x-h)^2 + k$。这对我们往后的学习有什么帮助吗？大家能说说顶点式有什么优越性吗？

下面对二次函数顶点式 $y = a(x-h)^2 + k$ 的图象与性质用表格提炼归纳如表 1−1（师生互动总结）。

表 1−1

$y = a(x-h)^2 + k$	$(a > 0)$	$(a < 0)$
图象		
开口方向		
对称轴		
顶点坐标		
增减性		
最值		

追问 7：抛物线 $y = ax^2$ 与 $y = a(x-h)^2 + k$ 的图象有什么关系呢？

师生归纳：一般地，抛物线 $y = a(x-h)^2 + k$ 与 $y = ax^2$ 形状相同，位置不同。把抛物线 $y = ax^2$ 向上（下）向右（左）平移，可以得到抛物线 $y = a(x-h)^2 + k$，平移的方向、距离要根据 h，k 的值来决定。

简记为：上下平移，括号外上加下减；左右平移，括号内左加右减。

设计意图：本节课的重难点是用描点法画出二次函数形如 $y = a(x-h)^2 + k$ 的图象，掌握二次函数 $y = a(x-h)^2 + k$ 的性质，理解图象与抛物线 $y = ax^2$ 的图象的关系，理解 a，h，k 对二次函数图象的影响。为了突出重点，突破难点，本环节精心设计每一个问题和问题串，提出富有挑战性的学习任务，由追问 1 和追问 2 引导学生直观分析函数图象特点，由追问 3、追问 4 和追问 5 来验证前面提出的猜想，从而得到抛物线 $y = -\frac{1}{2}x^2$ 与 $y = -\frac{1}{2}(x+1)^2 - 1$ 的图象的关系，再由追问 6 和追问 7 进一步启发学生提炼总结顶点式的性质和独特的优越性，并归纳总结抛物线 $y = ax^2$ 与 $y = a(x-h)^2 + k$ 的图象的关系。本节课运用问题链接和层层递进的"追问"来激活学生的思维，引导学生经历动手操作、观察、分析、猜想、论证、归纳等全过程，体验从特殊到一般的研究过程，感受数形结合、类比、转化和归纳等数学思想方法，引导学生更有深度地思考，促进师生深度互动。

环节三：灵活应用，能力提升

例1 二次函数 $y = 3(x+2)^2 - 1$ 的图象。

（1）开口方向向_____。

（2）对称轴：_____。

（3）顶点坐标：_____。

（4）当 $x =$ _____时，y 最_____值 = _____。

（5）当 $x > -2$ 时，y 随 x 的增大而_____。当 $x < -2$ 时，y 随 x 的增大而_____。

（6）二次函数 $y = 3(x+2)^2 - 1$ 的图象是由 $y = 3x^2$ 的图象先向_____平移_____个单位，再向_____平移_____个单位得到的。

例2 请说出二次函数 $y = x^2 - 4x + 3$ 的开口方向、对称轴和顶点。

方法总结：把一般式用配方法化为顶点式，可以直观找到抛物线开口方向、对称轴和顶点。

巩固练习：已知抛物线 $y = x^2 - 8x + 5$。

（1）当 x 为何值时，y 有最小值，最小值是多少？

（2）当 x 为何值时，y 随 x 的增大而减小。

（3）将该抛物线向右平移 2 个单位，再向上平移 2 个单位，请直接写出新抛物线的表达式。

设计意图：例1的设计意图是及时巩固二次函数顶点式的图象五要素和平移知识，例2的设计意图是通过配方法将数字系数的二次函数解

析式化为 $y = a(x-h)^2 + k$ 的形式，并由此得到二次函数 $y = x^2 - 4x + 3$ 的图象与性质，注重教学设计的整体连贯性，更好地让学生体会学习顶点式的必要性和优越性，并通过巩固练习灵活应用本节课的主要知识。这也是从学科核心素养的角度，进一步落实本节课的深度学习目标，培养学生的高阶思维能力。

环节四：课堂小结，整体延伸

师生互动一起总结梳理（如图 1-1）。

研究思路：从解析式→图象→性质→应用。

研究内容：用描点法画出二次函数 $y = a(x-h)^2 + k$ 的图象来理解二次函数 $y = a(x-h)^2 + k$ 的性质，理解图象与抛物线 $y = ax^2$ 的图象的关系，理解 a，h，k 对二次函数图象的影响。

研究方法：体验从特殊到一般的研究过程，通过经历观察、猜想、论证、分析、归纳等过程，运用数形结合、类比、转化和归纳等数学思想方法掌握顶点式的图象与性质。

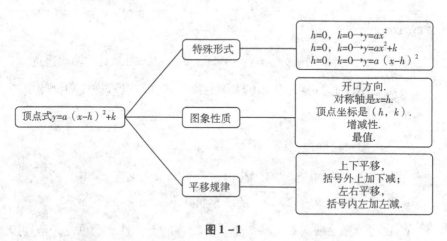

图 1-1

设计意图：本节课我们研究的内容是从二次函数的解析式到图象与性质研究，从中体验了从特殊到一般的研究过程，感受数形结合、类比、转化和归纳等数学思想方法，这些都是研究函数图象和性质的基本方法和一般套路。二次函数的研究具有知识的延续性和方法的迁移性，对于其它函数或延续到高中的函数学习中，也是这样一种学习路径。在教学过程中，重视课堂总结，帮助学生梳理数学原理知识脉络，启发学生深度反思，形成系统的知识网络，有利于学生构建自己的知识体系，达成深度的学习目标。

2 教学思考

2.1 确立数学原理教学的深度目标

深度教学目标的制定是实现原理教学深度学习的前提。深度的课程目标是教师在原理教学实践过程中的"引航灯"，可以帮助教师明确学生学习课堂知识等具体目标，引导学生充分经历数学原理的探究发现过程，使培养学生核心素养的深度目标和原理教学活动紧紧结合在一起，进而有效地指导学生学习。本节原理课是基于数学深度学习理念，根据课标要求和教材内容，从学科核心素养的角度来确定深度学习目标，引导学生经历动手操作、观察、分析、猜想、论证、归纳等全过程，体验从特殊到一般的研究过程，感受数形结合、类比、转化和归纳等数学思想方法，使学生掌握了二次函数 $y = a\,(x-h)^2 + k$ 的图象与性质，并进一步深刻体会研究函数的一般套路，落实课程制定的深度学习目标，促进学生深度理解并灵活应用，培养学生的高阶思维能力。

2.2 优化数学原理教学的课堂结构

在数学原理课的教学设计中，要优化原理教学的课堂结构，需要根据教学内容和教学条件，选择并呈现出逻辑连贯、前后一致的课堂教学结构和教学顺序。课堂教学结构是由很多教学环节有机组成的，本节课课堂结构的设计遵循学生的认知规律，以平移规律这个背景与情境的引入，提出疑问，激发学生的兴趣，再到提出原理探索与论证、重述与表征、应用与迁移、精致与拓展为教学活动主线进行设计，在数学知识的逻辑顺序、教学活动顺序进行了精心的安排，把各部分内容进行搭配与排序，设计合理的有层次的原理教学，展现了二次函数在函数体系中的内在联系，凸显了知识的发生、发展路径，使学生的思维得到自然生长，激活深度思维，使学生的数学抽象、数学建模、逻辑推理、直观想象等核心素养得到进一步发展和提升。

数学原理课的教学基本流程如图 1－2。

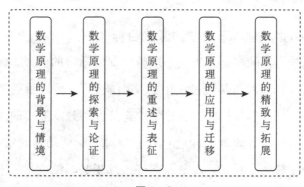

图 1－2

数学原理课堂教学"四步曲"如图 1－3。

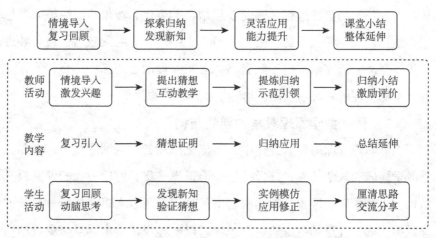

图 1－3

2.3　精设数学原理教学的问题链接

认知心理学认为："问题"是思维活动进行的原动力和牵引力。在原理教学中，在课堂中精心设计有序的、层进的问题和问题串，提出富有挑战性的学习任务，把知识内容和内在逻辑链接起来，具体设计问题链时，应该注意从直观到抽象、从特殊到一般、从猜想到证明、从发现到应用的一般研究过程，驱动学生的数学探究，凸显了知识的发生过程，体现原理教学的思维脉络。学生在经历体验、发现、分析的过程中，让不同特点的学生各得其所，给学生更多地表达观点、修正完善观点的机会，外显其内容的思维过程，并及时点拨给予反馈。对内容、方法、思路表达等方面的追问，可以让学生在探索后进行更充分的表达分享，让其思维有更大的发展空间，鼓励学生把心中的疑问表达出来，讨论的过程是思考再创造的过程，这样才能促进师生、生生深度互动，才能更深刻理解课堂的知识。本节课运用"追问"来激活学生的思维，从复习导入、探索归纳、灵活应用到课堂小结，引导学生更有深度地思考。

数学原理教学的深度教学问题设计的四个"注重"如图1-4。

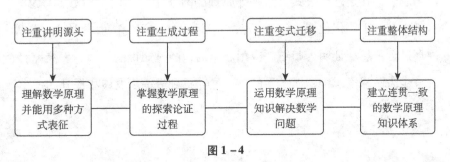

图1-4

2.4　重视数学原理教学的总结深化

课堂总结是数学原理课堂教学的一个重要环节，通过课堂小结，指导学生把新旧知识联系起来，可以帮助学生梳理数学原理知识脉络，形成系统的知识网络，有利于学生构建数学原理知识的体系，有利于突出重点，突破难点，促进学生知识内化升华、深化理解的作用，为后续学习奠定基础。本节课通过研究思路、研究内容、研究方法进行总结梳理，使学生站在整体观的高度来看待本节课的内容，形成一个完整的研究函数的认识套路，启发学生深度反思。

基于深度学习的数学原理教学的教学策略图示如图 1－5。

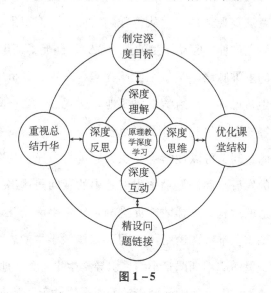

图 1－5

总之，在定理、公式、法则等原理的教学中，要注重对教与学多层次剖析与加工，优化课堂结构，精心设计每一个问题，引导学生对数学原理进行猜想、证明、归纳、应用、总结，凸显知识的发生、发展路径，进一步激活深度思维，使学生的核心素养得到进一步发展和提升。

第 2 章

概念教学

概念教学关注点在于明晰蕴含于其中的数学能力和数学核心素养，设计恰当的情境、活动或问题，引导学生自觉地运用数学的眼光观察问题、提出问题，进而引导学生使用恰当的数学语言、模型描述问题，并选择相应的数学知识与方法解决问题，培养学生的数学核心素养。

聚焦核心概念，培养核心素养

——从《变量和常量》的概念微课设计谈起

概念是数学知识系统中的基本元素，数学概念的建立是解决数学问题的前提。学生运用数学概念进行推理、判断过程中要得出正确的结论，首先要正确地掌握概念，这是决定教学效果的首要因素和基础因素。所以，概念教学在数学教学中有着重要的地位。义务教育数学课程标准指出："数学课程的设计与实施应根据实际情况合理地运用现代信息技术，要注意信息技术与课程内容的整合，注重实效。"视频的优势并非传递抽象的文字信息，而是传递具体、直观的图形、图像信息，特别是连续的、动态的图像信息。因此，在概念教学中，可把教学信息可视化，形成丰富的直观刺激，并把发展学生的核心素养融入到微课设计和使用中，借助微课教学来帮助学生更好理解核心概念教学的重点与难点，提升学生的数学素养。在此，本章通过《变量和常量》的概念微课设计实例，谈谈基于核心素养的概念微课设计的实践与思考。

1　教学课例

教育部在《关于全面深化课程改革落实立德树人根本任务的意见》中从教育教学的角度将核心素养定义为："学生应具备的适应终身发展和

社会发展所需要的必备品格和关键能力。"微课以教学视频为主要载体引入教学，有利于遵循学生学习心理的规律，落实新课程理念。中学微课的开发与应用所形成的生动案例、鲜活经验和系统的微课校本教材，有利于改革传统的教学方式、学习方式，提升学生的学习能力与学科素养，实现微课在网络中的分享与交流。微课是一种助学教学手段，应基于学生的数学核心素养培养进行开发与使用，数学微课设计应培养好学生在数学学习中的数学核心素养，促进培育学生的终身学习能力，达到教育的最终目的。

1.1 教材分析

1.1.1 教材说明

本节课是新人教版数学八年级下册第十九章一次函数《变量与函数》中第一节课的内容。在这里学生初步接触了变量的概念，它是函数学习的入门知识。本节课内容不但可以培养学生比较、分析、概括的思维能力，而且对培养学生运动变化等辩证唯物主义观点和形成良好的个性品质有一定的帮助。

1.1.2 教学目标

（1）理解变量、常量的概念以及相互之间的关系，能根据实际问题列出相关的代数式并指出其中的变量与常量。

（2）经历由演示视频和实际问题的解决，从中得出变量与常量的概念，感受变量是刻画现实生活中许多变化事物的一种重要的数学工具，为学习函数的定义做准备。

（3）引导学生感受生活中常量与变量存在的普遍性，体会事物之间的相互联系与制约，体会知识来源于生活，激发学习兴趣。

1.1.3 教学重难点

理解变量与常量的概念。

1.2 学情分析

八年级的学生求知欲较强，思维活跃，有较好的接受能力，学生能够较有条理地思考。但函数教学一直是中学数学教学的一个重点和难点，其主要原因是：变量的概念涉及用运动、变化的观点看待和思考问题，具有辩证思维特征，具有一定抽象性。对于函数概念的领悟，学生会感觉到迷茫和困惑。因此，在正式引入"函数"这个概念之前，要让学生更好地理解函数的两个核心要素"变量"和"常量"。本节课的内容要进行精心设计，寻找与学生较为密切联系的生活实际，突破本节课的重难点。

1.3 教学设计

环节一：温故知新

问题1：圆的面积公式 $S = \pi r^2$。

（1）请同学们根据公式填写表 2 - 1。

表 2 - 1

半径 r	1	2	3	4
面积 S				

（2）观察以上这个变化过程中，变化的量是＿＿＿＿＿＿＿；没变化的量是＿＿＿＿＿＿＿。

设计意图： 从学生的最近发展区入手，选取并回顾学生熟悉的面积问题，通过图像的变化，让学生直观感受变化的量，再通过表格的形式引导学生观察发现不变的量和变化的量，引出变量与常量的概念。

环节二：举一反三

问题2：一辆汽车以 60 千米/小时的速度匀速行驶，行驶路程为 S 千米，行驶时间为 t 小时。

（1）请同学们根据题意填写表 2 - 2。

表 2 - 2

t	1	2	3	4
S				

（2）用含 t 的式子表示 S 为＿＿＿＿＿＿＿＿。

（3）在以上过程中，变量是＿＿＿＿＿＿；常量是＿＿＿＿＿。

设计意图： 通过从实例中找常量与变量，举一反三，巩固常量与变量的概念。同时，让学生分别体会表格、图像、表达式三种形式中两个变量的对应关系，进一步理解常量与变量的特征以及他们之间的关系，为后续函数定义的学习打下伏笔，并渗透变量思想和函数思想。

环节三：趁热打铁

问题 3：某种报纸的价格是每份 0.4 元，买 x 份报纸的总价为 y 元，用含 x 的式子表示 y 为＿＿＿＿＿，常量是＿＿＿＿＿，变量是＿＿＿＿＿。

问题 4：如图 2 - 1。一个三角形的底边为 6，高 h 可以任意伸缩，三角形的面积也会随之发生变化。

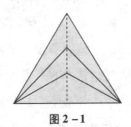

图 2 - 1

（1）面积 S 随高 h 变化的关系式 $S =$ ＿＿＿＿＿＿＿＿；

（2）当 $h = 5$ 时，面积 $S =$ ＿＿＿＿＿＿＿＿；

（3）当 $h = 10$ 时，面积 $S =$ ＿＿＿＿＿＿＿＿。

设计意图： 趁热打铁，引导学生认识数学图形中常见的变量与常量，进一步理解在图形运动过程中的变量和常量，体验变化过程中存在一些相互联系，其中一个量改变，另一个量也会随着改变，渗透动点问题的本质，积累几何经验，并在问题解决过程中提升学生的观察、分析能力。

环节四：画龙点睛

小结：在一个变化过程中，我们称数值发生变化的量是变量，数值始终不变的量是常量。

知识内化：学习变量后，我们会发现变量的变化并不是孤立地发生的，而是存在一些相互联系，其中一个量改变，另一个量也会随着改变，当其中一个变量取定一个值时，另一个变量就随之确定一个值。

设计意图：帮助学生梳理知识、厘清脉络，而且还能起到提升认识、内化认知结构的作用，这有利于培养学生的反思能力，养成梳理知识的习惯。小结起到了画龙点睛的作用。

2 教学思考

2.1 聚焦概念教学重难点，目标定位清晰

函数教学一直是中学数学教学的一个重点和难点，其主要原因是：变量的概念涉及用运动、变化的观点看待和思考问题，具有辩证思维特征，具有一定抽象性。对于函数概念的领悟，学生会感觉到迷茫和困惑。而变量和常量是理解函数的两个核心要素，因此，本节课把变量与常量概念的理解确定为本节课的教学重难点。在微课设计中，只有目标定位清晰，突出重点、难点，才能在微课教学应用中取得较好的教学效果。

2.2 遵循螺旋上升的原则，分层精心设计

本节课对内容的处理是分层次的，遵照循序渐进、螺旋上升的原则进行精心设计，教学设计包含四个方面："温故知新""举一反三""趁热打铁""画龙点睛"。在微课设计中笔者尽量选取学生熟悉的、具体的、感兴趣的符合学生认知特点的实例，再逐步过渡到抽象定义，紧扣一个变化过程、两个变量、一种对应关系这三个方面来认识和理解，从而突出重点和突破难点。这样的思维活动过程，有利于提升学生的数学抽象素养。

2.3 搭建概念理解脚手架，突出数学理解

函数是中学阶段最难理解的概念之一，"变量"和"常量"是理解函数概念的两个核心要素。因此，在微课设计中，教师要注重典型实例、标注、列表和动画直观等的作用，注重以具体例证为载体化解概念的抽象性，为学生理解概念搭建"脚手架"。铺设概括的路线和阶梯，利用微视频可视化特点，通过图像、声音、文字、光彩、颜色等直观演示实验操作来创设问题发现情境，刺激学生的各种感官，视听并举。这样能更好地调动学生强烈的探究欲望，引发深入思考，以帮助学生感悟"变量"和"常量"的概念以及相互之间的关系，突出数学理解，并在思想方法上给予明确、具体的指导。

2.4 凸显概念形成的过程，培养核心素养

本节课依据学生的认知基础，设计有梯度的问题串为线索，让学生观察、比较、分析每个具体问题中的量与量之间的变化关系。把静止的表达式看作动态的变化过程，让他们从原来的常量、代数式的静态的关系中逐渐过渡到表示量与量之间动态的关系上，进而使学生的认识实现由静态到动态的飞跃。凸显概念形成的过程，让学生初步体会从特殊到一般、从具体到抽象的研究问题的方法。本微课设计注重激发学生主动思考，重视学生在思考过程中的情感体验，引导学生认识概念本质，感悟其中蕴含的数学核心思想方法，注重数学抽象、数学建模等数学核心素养的培养。

总之，基于核心素养的概念微课设计，关注点在于剖析预定的教学内容，明晰蕴含于其中的数学能力和数学核心素养，设计恰当的情境、活动或问题，引导学生自觉地运用数学的眼光观察问题、提出问题，进而引导学生使用恰当的数学语言、模型描述问题，并选择相应的数学知识与方法解决问题。这样培养学生数学核心素养才能落到实处。

第 3 章

复习教学

数学复习教学要从单点结构水平向多点结构水平发展，促使学生的数学学习从多点结构水平向关联结构水平发展。横向拓宽、纵向深入，促使学生的数学学习从关联结构水平向抽象拓展水平发展。认知结构的建构和联结，引导学生课中深度理解。知识的迁移与创造，引领学生课中深度思考。

深度学习视角下单元复习课的实践与思考

——以《圆的单元复习》的课堂教学为例

随着课程改革的不断推进，深度学习已成为新时代背景下一种重要而有效的学习理念和学习方式，也是深入推进核心素养教学改革倡导的教学方式。这种方式要求学习者注重主动理解与批判接受、激活经验与建构新知、知识整合与深层加工、把握本质与渗透思想、有效迁移与问题解决，最终培养高阶思维能力。数学复习课是数学课堂教学重要课型之一，在中学数学课堂教学中有着重要的地位。但在数学复习教学上，仍然存在训练单元所有知识点对应的习题导致拉长复习时间、教学设计缺乏整体建构、课堂被教辅资料和题海所左右、题目设计缺乏应有的梯度、没有充分发挥学生的主体地位等问题。复习课只重视习题机械重复训练，这种复习教学缺乏学习的深度，学生难以进行有效的深度学习，不利于学生数学核心素养的发展。单元复习教学如何融入深度学习的理念？在此，本章以《圆的单元复习》的课堂教学为例，谈谈深度学习视角下单元复习课的实践与思考。

1　教学课例

1.1　教学内容

对《圆》的内容进行梳理总结并建立知识体系，综合应用圆的有关知识解决问题。

1.2　教学分析

本课内容选自人教版教材九年级上册第24章《圆》章末复习课，本章内容包含了圆的概念、性质，点和圆、直线和圆的位置关系，正多边形和圆的位置和数量关系，以及扇形的弧长、面积和圆锥的侧面积、全面积等计算问题。在中考中，常常与后面学习的"相似三角形""锐角三角函数"等内容融合一起综合重点考查，知识点多，综合性强，难度较大，部分学生出现学习困难。本章内容中直线与圆的三种位置关系中主要研究的是直线与圆相切，切线题目中常常蕴含着转化、方程等数学思想，同时与圆的其它定义和性质紧密联系，为此本节课选择了切线的性质与判定作为复习的重点。有些圆类问题涉及到添加辅助线，这是大多数学生的软肋，为此本节课选择了添加辅助线解决实际问题作为复习的难点。本节复习课对《圆》的内容进行梳理总结并建立知识体系，围绕着重难点和新课学习的易错点进行题组设计和选择性应用，加强知识联系、深化知识理解、体会数学思想方法，进一步提高推理论证能力。

1.3　教学目标

（1）复习梳理圆的有关知识并建立知识体系，进一步灵活运用圆的重要知识解决与圆有关的计算和证明问题。

（2）掌握一些常见的添加辅助线的方法，培养学生几何逻辑思维，增强问题解决的能力。

（3）进一步体会研究圆的基本路径和转化、归纳等数学思想方法。

1.4 教学过程

环节一：梳理回顾，整体建构

问题1：同学们，本章学习了圆的哪些内容？前面已经提前布置了制作《圆》这章内容的思维导图或者知识结构图，哪位同学为我们展示一下？

问题2：请说一说本章《圆》的学习路径（如图3-1所示）。你能总结一下研究思路吗？

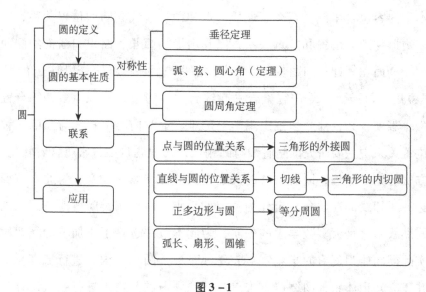

图 3-1

设计意图：课堂上先选择一些比较典型和代表性的学生作品进行展示，通过对思维导图或者知识结构图的展示，厘清本单元的知识内容与框架，梳理知识认知结构，回顾各知识点的内容，强化学生对本章知识内容的深度理解，提高学生的知识整理能力。但由于学生整理知识的经验不足，能力有限，学生很难展示出比较完整的思维导图或者知识结构图，这就要求教师要在课前提前精心绘制并在课堂上展示与剖析。通过问题2帮助学生体会研究《圆》的学习路径：定义—性质—联系—应用，更好地引导学生梳理回顾，整体建构，进一步提高归纳整理的能力。

环节二：整合追问，夯实四基

问题3：如图 3-2，AB 是 $\odot O$ 的直径，$AB \perp$ 弦 CD 于 E，连接 OC，BC。若 $CD = 16$，则 $CE =$ _____。

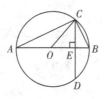

图 3-2

追问1：若 $OC = 6$，$\angle BAC = 30°$，则 $\angle BOC =$ _____，弧 BC 的长 = _____，扇形 BOC 的面积是_____，若将这个扇形围成一个圆锥的侧面，则圆锥底面圆的半径是_____。

追问2：若 $BE = 4$，$CD = 16$，求 OC。

追问3：$\angle ACO$ 和 $\angle BCD$ 有什么关系，请说明理由。

设计意图：由于本章《圆》的内容较多，全面复习各个知识点，要拉长很多教学时间，因此只能选择性地进行重点复习，本题利用"一题多变"和"问题串"的形式，把圆的垂径定理、圆周角定理、扇形弧长和面积、圆锥的有关计算等重要知识点串起来，建立起知识间的联系。本题组题目设计低起点、小坡度、层层递进，让基础薄弱的同学更好地打好基础。其中追问2把垂径定理和勾股定理结合起来，再次复习了"黄金三角形"△OEC。通过追问2、追问3之后引导学生规范论证书写，进一步提高推理论证能力。通过整合题组"追问"，复习了多个圆中的"常考点"和"易错点"，节省了教学时间，提高了复习容量，精炼精讲，查漏补缺，夯实四基。

环节三：对比辩析，提炼归纳

问题 4：如图 3 - 3，已知 $AB = AC$，以 AB 为直径作 $\odot O$，交 BC 边于点 D，交 AC 边于点 F，作 $DE \perp AC$ 于点 E. 求证：DE 是 $\odot O$ 的切线。

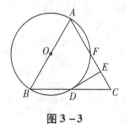

图 3 - 3

方法 1：连接 OD，AD，

$\because AB$ 为直径，

$\therefore \angle ADB = 90°$.

$\because AB = AC$，

$\therefore D$ 为 BC 中点.

$\because O$ 为 AB 中点，

$\therefore OD$ 为 $\triangle ABC$ 的中位线，

$\therefore OD /\!/ AC$.

$\because DE \perp AC$，$\therefore DE \perp OD$，

$\therefore DE$ 是 $\odot O$ 的切线。

方法 2：连接 OD，证明 $\angle ABD = \angle ODB = \angle C$，得到 $OD /\!/ AC$。

方法 3：连接 OD，证明 $\angle ODB + \angle CDE = 90°$。

方法 4：连接 OD，AD，证明 $\angle BAD = \angle ODA = \angle CAD$，得到 $OD /\!/ AC$。

……

问题 5：（2020 年广东中考题）如图 3 - 4，在四边形 $ABCD$ 中，$AD /\!/ BC$，$\angle DAB = 90°$，AB 是 $\odot O$ 的直径，CO 平分 $\angle BCD$。求证：直线 CD 与 $\odot O$ 相切。

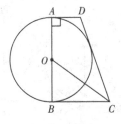

图 3 – 4

解法：过点 O 作 $OE \perp CD$ 于点 E。$\because AD /\!/ BC$，$\angle DAB = 90°$，$\therefore \angle OBC = 90°$ 即 $OB \perp BC$。$\because OE \perp CD$，$OB \perp BC$，CO 平分 $\angle BCD$，$\therefore OB = OE.$ $\because AB$ 是 $\odot O$ 的直径，$\therefore OE$ 是 $\odot O$ 的半径，$\therefore$ 直线 CD 与 $\odot O$ 相切。

设计意图：问题 4 的设计意图是利用经典图形"一题多解"复习重现"证切线"的多种常见、典型的方法，例如，等角代换、平行转化、等腰三角形三线合一、角平分线定理转化等，让学生小组合作讨论，鼓励学生找到更多的方法，比一比谁的方法更多，鼓励学生上台大胆展示，提高学生的逻辑表达的能力。有些圆类的题目需要添加辅助线，这是大多数学生的薄弱环节，问题 5 辅助线的做法与问题 4 的做法不同，教师要引导学生对问题 4 和问题 5 进行对比辨析，找到题目隐藏条件的差异，思考证明切线方法的联系与区别，最后进行提炼归纳：有交点，连半径，证垂直；无交点，作垂直，证半径。通过课堂对证明切线方法的对比分析，提炼归纳，突破本节课的重难点，进一步深化对切线判定定理的理解，提高解决有关切线证明题的能力，提高课堂的复习效果。

环节四：交叉联结，迁移活用

问题 6：如图 3 – 5，边长为 1 的正方形 $ABCD$ 的边 AB 是 $\odot O$ 的直径，CF 是 $\odot O$ 的切线，E 为切点，F 点在 AD 上，BE 是 $\odot O$ 的弦，求 $\triangle CDF$ 的面积。

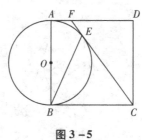

图 3 - 5

解法：设 $AF = x$,

∵ 四边形 $ABCD$ 是正方形,

∴ $\angle DAB = 90°$,

∴ $DA \perp AB$,

∴ AD 是圆的切线,

∵ CF 是 $\odot O$ 的切线, E 为切点,

∴ $EF = AF = x$,

∴ $FD = 1 - x$,

∴ $CF = CE + EF = CB + EF = 1 + x$.

∴ 在 Rt$\triangle CDF$ 中由勾股定理得到：$CF^2 = CD^2 + DF^2$, 即 $(1 + x)^2 = (1 - x)^2 + 1$, 解得 $x = \dfrac{1}{4}$,

∴ $DF = 1 - x = \dfrac{3}{4}$,

∴ $S_{\triangle CDF} = \dfrac{1}{2} \times 1 \times \dfrac{3}{4} = \dfrac{3}{8}$。

问题 7：如图 3 - 6, 正方形 $ABCD$ 的边长为 1, $\odot O$ 经过点 C, CM 为 $\odot O$ 的直径, 且 $CM = 1$。过点 M 作 $\odot O$ 的切线分别交边 AB, AD 于点 G, H. BD 与 CG, CH 分别交于点 E, F, $\odot O$ 绕点 C 在平面内旋转（始终保持圆心 O 在正方形 $ABCD$ 内部）。

（1）求 $\angle GCH$。

28

（2）$\angle CHM$ 与 $\angle FEG$ 有什么关系？

（3）求四边形 $CGAH$ 面积的最大值。

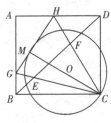

图 3 − 6

解法：（1）先证明 $\mathrm{Rt}\triangle CHD \cong \mathrm{Rt}\triangle CHM$（$HL$），可得：$HD = HM$，$\angle HCD = \angle HCM$，$\angle CHD = \angle CHM$，同理：$GB = GM$，$\angle GCB = \angle GCM$，$\angle CGB = \angle CGM$，即可得出：$\angle GCH = 45°$。

（2）$\because \angle CHD + \angle HCD = 90°$，$\angle BCH + \angle HCD = 90°$，

$\therefore \angle CHD = \angle BCH$，

$\because \angle CHM = \angle CHD$，

$\therefore \angle CHM = \angle BCH = 45° + \angle GCB$，

$\because \angle CEF = 45° + \angle GCB$，

$\therefore \angle CHM = \angle CEF$，

$\because \angle CEF + \angle FEG = 180°$，

$\therefore \angle CHM + \angle FEG = 180°$，

$\therefore \angle CHM$ 与 $\angle FEG$ 互补。

（3）设 $HD = x$，$BG = a$，则 $HM = x$，$MG = a$，$AH = 1 - x$，$AG = 1 - a$，

$\therefore GH = HM + GM = x + a$，$AH^2 + AG^2 = GH^2$，

$\therefore (1 - x)^2 + (1 - a)^2 = (x + a)^2$，

$\therefore a = \dfrac{1 - x}{x + 1}$，

设四边形 $CGAH$ 的面积为 y，则 $y = S_{正方形ABCD} - S_{\triangle CDH} - S_{\triangle CBG} = AB^2 -$

$$\frac{1}{2}CD \cdot DH - \frac{1}{2}BC \cdot BG = 1^2 - \frac{1}{2} \cdot 1 \cdot x - \frac{1}{2} \times 1 \cdot \frac{1-x}{x+1},$$

$\therefore y = 1 - \frac{1}{2}x + \frac{x-1}{2(x+1)}$，整理，得：$x^2 + (2y-2)x + (2y-1) = 0$，

$\therefore \Delta = (2y-2)^2 - 4 \times 1 \times (2y-1) \geqslant 0$，

$\therefore y^2 - 4y + 2 \geqslant 0$，

$\therefore (y - 2 + \sqrt{2})(y - 2 - \sqrt{2}) \geqslant 0$，

$\therefore \begin{cases} y - 2 + \sqrt{2} \geqslant 0 \\ y - 2 - \sqrt{2} \geqslant 0 \end{cases}$ 或 $\begin{cases} y - 2 + \sqrt{2} \leqslant 0 \\ y - 2 - \sqrt{2} \leqslant 0 \end{cases}$，

解得：$y \geqslant 2 + \sqrt{2}$ 或 $y \leqslant 2 - \sqrt{2}$，

$\because y \leqslant S_{正方形ABCD} = 1$，

$\therefore y \geqslant 2 + \sqrt{2}$ 不符合题意，舍去，

$\therefore y \leqslant 2 - \sqrt{2}$，

$\therefore$ 四边形 $CGAH$ 的面积的最大值为 $2 - \sqrt{2}$。

设计意图：问题 6、问题 7 是在问题 5 的图形和条件的基础上进行改编，三个问题相互联系、一题多变、递进式变式，在变式教学中引导学生围绕原题进行多角度、多方向、多层次的变式思考与探索，加强不同知识点的纵、横联系。问题 6 考查了切线的判定和性质、正方形的性质、勾股定理的运用以及三角形的面积公式。问题 7 考查了切线的性质、旋转的性质、二次函数的最值、全等三角形的判定与性质、正方形的性质、圆周角定理和勾股定理的运用，多个知识点交叉联结考查，题目的综合性很强，引导学生对前面学习的知识与方法进行迁移活用。

环节五：总结反思，内化发展

师生互动一起总结梳理。

学习路径：定义→性质→联系→应用。

研究内容如图 3 – 7 所示。

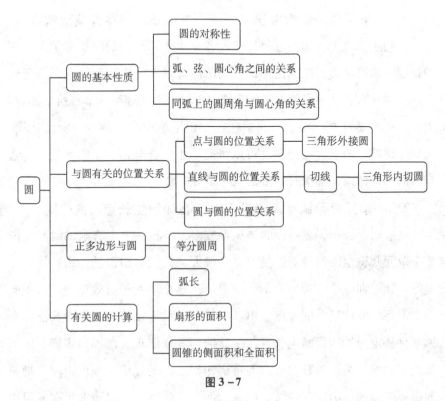

图 3 – 7

深度学习视觉下单元复习课"五步曲"如图 3 – 8 所示。

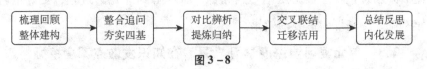

图 3 – 8

设计意图：在教学过程中，重视课堂总结，引导学生进一步体会研究圆的基本路径，帮助学生梳理知识脉络，并总结一些常见的添加辅助线的方法和转化、归纳等数学思想，增强问题解决的能力，启发学生深度反思，内化发展。

2 教学思考

2.1 单元复习课深度学习"深"在知识网络中深度建构

建构主义认为，学习过程是学习者自我认知结构的组织和重新组织的过程，如果学习者能抓住知识之间的内部联系，将零散知识以及逻辑关系串联起来，学习者就能更为系统、更加全面地理解和掌握所学知识。因此，单元复习课应善于引导学生在知识网络中自主梳理、深度建构。用好知识结构图或思维导图，可以帮助学生学会分析、学会归纳，构建自己的知识体系，加深对本章知识的深层次理解。

2.2 单元复习课深度学习"深"在知识生长点深度追问

一般而言，单元复习课的知识点较多，要在一节课有限的时间完成整个单元知识全面的针对性复习难度较大，只能对知识进行选择性重点复习。题组训练或"追问"的形式是解决这个问题的有效途径，虽不能面面俱到，但可以做到重点突出。本节课通过挖掘问题3和生长点，在原来垂径定理的题目的生长点改编延伸到垂径定理、圆周角定理、扇形弧长和面积、圆锥的有关计算等重要知识点，通过层层深度追问，把单元重要的知识点串成问题链，以点带面、点面结合，引导学生在复习中温故知新，让学生经历从单一到综合，从理解到深化的过程，更好地打牢基础，提高课堂的复习效果。

2.3 单元复习课深度学习"深"在知识发散点深度挖掘

在单元复习教学中，要提高复习效率，帮助学生跳出"题海"，科学合理选择具有典型性和示范性的复习题显得尤为重要。本节课通过精心选择、编写题目，深度挖掘问题4解决方法这个发散点，激发学生的求知欲，调动学生学习的积极性和主动性，引导学生多角度地进行分析思考，探求不同的解题途径，从单点结构水平向多点结构水平发展，既巩固核心知识，又可以培养学生数学思维品质和创新能力。

2.4 单元复习课深度学习"深"在知识交叉点深度拓展

教材中有许多知识密切联系，教师要善于挖掘知识交叉点，这些知识交叉点是提高单元复习教学效果的"催化剂"。本节课选编问题6进行深度拓展，综合性较强，分析、解决问题能力要求较高，考查了多个知识交叉点：切线的判定和性质、正方形的性质、勾股定理的运用以及三角形的面积公式。这些都是从单点结构水平向多点结构水平发展，促使学生的数学学习从多点结构水平向关联结构水平发展。横向拓宽、纵向深入，促使学生的数学学习从关联结构水平向抽象拓展水平发展，加深对知识的理解与巩固，提升了单元复习的深度与广度。

2.5 单元复习课深度学习"深"在知识总结中深度反思

课堂总结是数学单元复习教学的一个重要环节，通过课堂小结，可以帮助学生梳理数学单元知识脉络，形成系统的知识网络，促进学生知识内化升华、深化理解的作用。本节课通过研究路径、研究内容、研究思想方法等进行总结梳理，使学生站在整体观的高度来看待本节课的内容，启发学生深度反思。

深度学习视觉下的单元复习课的教学策略图示如图3-9所示。

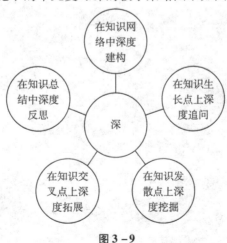

图3-9

总之，在单元复习教学中，要注重与深度学习理念相结合，立足课本，引导学生在知识网络中深度建构，在知识生长点上深度追问，在知识发散点上深度挖掘，在知识交叉点上深度拓展，在知识总结中深度反思，这样才能提高课堂复习效果，培养学生的高阶思维能力。

从"一题一课"专题复习课谈学生思维品质的培养

　　课本中的习题是编写教材的专家们经过认真商讨与仔细推敲后才确定的，它们具有科学性、示范性、典型性、导向性。课本中习题的有效训练有助于学生牢固掌握书中的基础知识，进而提高数学能力。教师在日常的复习教学中，若能充分挖掘其蕴藏的教学价值，恰当地进行挖掘与引申，通过对问题的思考、推理、变换等，不仅能开拓学生的解题思路，激发学生的学习兴趣，而且还能有效地培养学生的思维能力，提高数学课堂教学的质量。在此，本章试图通过"一题一课"专题复习的教学实例，谈谈学生思维品质的培养。

　　例题　如图 $3-10$，$\triangle ABC$ 是一块锐角三角形材料，底 $BC=120\,\text{mm}$，高 $AD=80\,\text{mm}$，要把它加工成正方形零件，使正方形的一边在 BC 上，其余两个顶点分别在 AB、AC 上，求这个正方形零件的边长是多少？

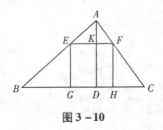

图 3 - 10

1 一题多解,培养学生思维的发散性

思维的发散性是指沿着不同的方向和不同的角度来思考同一问题,并且从多方面寻求多样性答案的展开性思维方式。数学习题,浩如烟海,不能逐一完成。在数学教学中,如果能选择典型题目,巧妙地进行一题多解,这样既省力省时,起到了事半功倍的效果,同时又大大地培养了学生思维的发散性。

解法 1:设正方形的边长是 $x$mm,

$\because EF /\!/ BC$,

$\therefore \triangle AEF \backsim \triangle ABC$,

$\therefore \dfrac{AK}{AD} = \dfrac{EF}{BC}$,

$\therefore \dfrac{80 - x}{80} = \dfrac{x}{120}$,

$\therefore x = 48$.

解法 2:$S_{\triangle ABC} = S_{梯形 EBCF} + S_{\triangle AEF}$.

$\therefore \dfrac{1}{2}\left(x + 120\right)x + \dfrac{1}{2}x\left(80 - x\right) = \dfrac{1}{2} \times 120 \times 80$,

$\therefore x = 48$.

解法 3:$S_{\triangle ABC} = S_{\triangle EBG} + S_{\triangle FHC} + S_{正方形 EGHF} + S_{\triangle AEF}$.

$\therefore \dfrac{1}{2}\left(120 - x\right)x + x^2 + \dfrac{1}{2}x\left(80 - x\right) = \dfrac{1}{2} \times 120 \times 80$,

$\therefore x = 48$.

解法 4:$S_{\triangle ABC} = S_{梯形 EBDK} + S_{梯形 FCDK} + S_{\triangle AEF}$.

$\therefore \dfrac{1}{2}\left(x + 120\right)x + \dfrac{1}{2}x\left(80 - x\right) = \dfrac{1}{2} \times 120 \times 80$,

$\therefore x = 48$.

解法5：∵ $EF /\!/ BC$，

∴ $\triangle AEF \backsim \triangle ABC$.

∴ $\dfrac{\frac{1}{2}x\,(80-x)}{\frac{1}{2}\times 120\times 80}=\left(\dfrac{x}{120}\right)^2$，

∴ $x=48$.

解法6：如图 3 - 11，作 $EQ /\!/ AC$，∴ $\triangle EBQ \backsim \triangle ABC$.

∴ $\dfrac{EG}{AD}=\dfrac{BQ}{BC}$，

设 $CQ=EF=x\,\text{mm}$，得 $\dfrac{x}{80}=\dfrac{120-x}{120}$，

∴ $x=48$.

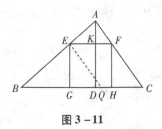

图 3 - 11

分析：通过以上"一题多解"的教学，有利于引导学生沿着不同的途径，多角度、多方位、多层次地去思考问题，由此可以产生多种解题思路。通过"多解"并比较，找出既新颖、独特，又省时、省力的"最佳解"时，才能调动学生学习的积极性和主动性，激发学生的求知欲，更好地培养学生的发散性思维。

2　一题多变，培养学生思维的深刻性

思维的深刻性是指思维抽象程度和思维活动的深度。教师在对习题进行分析和解答后，若注意发挥习题以点带面的功能，有意识地在例题

基础上进一步引伸扩充，挖掘问题的内涵和外延，指导学生对新问题的探讨，这对培养学生思维的深刻性是大有裨益的。

变式1： 内接正方形变为静态内接矩形

如图3－12，已知△ABC中，$BC = 120$，BC上的高$AD = 80$，四边形$EGHF$为△ABC的内接矩形，且$EG：GH = 2：9$，求$S_{矩形EGHF}$。

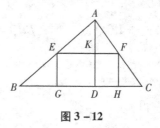

图3－12

解：设$EG = 2x$，$GH = 9x$，得

∵ $EF // BC$，∴ △AEF ∽ △ABC.

∴ $\dfrac{AK}{AD} = \dfrac{EF}{BC}$，

∴ $\dfrac{80 - 2x}{80} = \dfrac{9x}{120}$，

∴ $x = 10$.

∴ $S_{矩形EGHF} = 20 \times 90 = 1800$.

变式2： 内接正方形变为动态内接矩形

如图3－12，已知△ABC中，$BC = 120$，BC上的高$AD = 80$，四边形$EGHF$为△ABC的内接矩形，求矩形$EGHF$的最大面积。

解：设$EG = x$，$GH = y$，得

∵ $EF // BC$，

∴ △AEF ∽ △ABC.

∴ $\dfrac{AK}{AD} = \dfrac{EF}{BC}$，

$\therefore \dfrac{80-x}{80} = \dfrac{y}{120}$,

$\therefore y = \dfrac{3}{2}(80-x)$.

$\therefore S_{\text{矩形}EGHF} = \dfrac{3}{2}(80-x)\,x = -\dfrac{3}{2}(x-40)^2 + 2400$.

当 $x = 40$ 时，矩形 $EGHF$ 的最大面积是 2400.

变式 3：内接正方形变为动态正方形

锐角 $\triangle ABC$ 中，$BC = 6$，$S_{\triangle ABC} = 12$，两动点 M，N 分别在边 AB，AC 上滑动，且 $MN /\!/ BC$，以 MN 为边向下作正方形 $MPQN$，设其边长为 x，正方形 $MPQN$ 与 $\triangle ABC$ 公共部分的面积为 y $(y > 0)$.

（1）$\triangle ABC$ 中边 BC 上高 $AD =$ _____；

（2）当 $x =$ _____ 时，PQ 恰好落在边 BC 上（如图 3－13）；

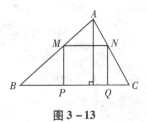

图 3－13

（3）当 PQ 在 $\triangle ABC$ 外部时（如图 3－14），求 y 关于 x 的函数关系式（注明 x 的取值范围），并求出 x 为何值时 y 最大，最大值是多少？

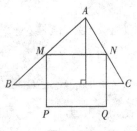

图 3－14

解：（1）$AD = 4$；

（2）$x = 2.4$；

（3）设 BC 分别交 MP，NQ 于 E，F，则四边形 $MEFN$ 为矩形。（如图 $3-15$）

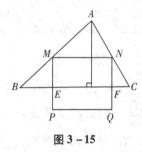

图 $3-15$

设 $ME = NF = h$，AD 交 MN 于 G，$GD = NF = h$，$AG = 4 - h$.

$\because MN /\!/ BC$，

$\therefore \triangle AMN \backsim \triangle ABC$.

$\therefore \dfrac{MN}{BC} = \dfrac{AG}{AD}$，即 $\dfrac{x}{6} = \dfrac{4-h}{4}$，

$\therefore h = -\dfrac{2}{3}x + 4$.

$\therefore y = MN \cdot NF = x\left(-\dfrac{2}{3}x + 4\right) = -\dfrac{2}{3}x^2 + 4x \ (2.4 < x < 6)$.

$\therefore y = -\dfrac{2}{3}(x-3)^2 + 6$.

$\therefore$ 当 $x = 3$ 时，y 有最大值，最大值是 6.

变式 4：静态三角形变为动态三角形

如图 $3-16$，已知一个三角形纸片 ABC，BC 边的长为 8，BC 边上的高为 6，$\angle B$ 和 $\angle C$ 都为锐角，M 为 AB 一动点（点 M 与点 A、B 不重合），过点 M 作 $MN /\!/ BC$，交 AC 于点 N，在 $\triangle AMN$ 中，设 MN 的长为 x，MN 上的高为 h。

（1）请你用含 x 的代数式表示 h.

（2）将 $\triangle AMN$ 沿 MN 折叠，使 $\triangle AMN$ 落在四边形 $BCNM$ 所在平面，设点 A 落在平面的点为 A_1，$\triangle A_1MN$ 与四边形 $BCNM$ 重叠部分的面积为 y，当 x 为何值时，y 最大，最大值为多少？

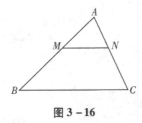

图 3 - 16

解：（1）∵ $MN /\!/ BC$，

∴ $\triangle AMN \backsim \triangle ABC$.

∴ $\dfrac{h}{6} = \dfrac{x}{8}$，∴ $h = \dfrac{3x}{4}$.

（2）∵ $\triangle AMN \cong \triangle A_1MN$. ∴ $\triangle A_1MN$ 的边 MN 上的高为 h，

① 当点 A_1 落在四边形 $BCNM$ 内或 BC 边上时，$y = S_{\triangle A_1MN} = \dfrac{1}{2}MN \cdot h$

$= \dfrac{1}{2}x \cdot \dfrac{3}{4}x = \dfrac{3}{8}x^2 \ (0 < 0 \leqslant 4)$。

② 当 A_1 落在四边形 $BCNM$ 外时，如图 $3 - 17$（$4 < x < 8$），设 $\triangle A_1EF$ 的边 EF 上的高为 h_1，则 $h_1 = 2h - 6 = \dfrac{3}{2}x - 6$。

∵ $EF /\!/ MN$，∴ $\triangle A_1EF \backsim \triangle A_1MN$.

∵ $\triangle A_1MN \backsim \triangle ABC$，∴ $\triangle A_1EF \backsim \triangle ABC$，$\dfrac{S_{\triangle A_1EF}}{S_{\triangle ABC}} = \left(\dfrac{h_1}{6}\right)^2$.

∵ $S_{\triangle ABC} = \dfrac{1}{2} \times 6 \times 8 = 24$，

∴ $S_{\triangle A_1EF} = \left(\dfrac{\dfrac{3}{2}x - 6}{6}\right)^2 \times 24 = \dfrac{3}{2}x^2 - 12x + 24$.

41

$$\because y = S_{\triangle A_1 MN} - S_{\triangle A_1 EF} = \frac{3}{8}x^2 - \left(\frac{3}{2}x^2 - 12x + 24\right) = -\frac{9}{8}x^2 + 12x - 24,$$

$$\therefore y = -\frac{9}{8}x^2 + 12x - 24 \quad (4 < x < 8).$$

综上所述：当 $0 < x \leqslant 4$ 时，$y = \frac{3}{8}x^2$，取 $x = 4$，$y_{最大} = 6$。

当 $4 < x < 8$ 时，$y = -\frac{9}{8}x^2 + 12x - 24$，取 $x = \frac{16}{3}$，$y_{最大} = 8$。

$\because 8 > 6,$

$\therefore$ 当 $x = \frac{16}{3}$ 时，y 最大，$y_{最大} = 8.$

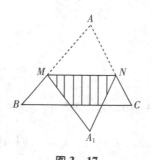

图 3 – 17

分析：一题多变，对于许多经典的几何习题，应认真挖掘题目中丰富的内涵，变换不同的条件背景，引导学生围绕原题进行多角度、多方向、多层次的变式思考与探索，加强不同知识点的纵、横联系，这样既可以节省学生的审题时间，提高教学课堂容量，也可以更大程度地提高学生思维的深刻性，有利于学生更扎实地掌握知识结论。

3 引申拓展，培养学生思维的独创性

在习题教学中，在学生掌握基本方法的同时，可有意识地创设新颖的思维情境，激励学生不依常规、不受教材与教师传授的方法的束缚，引导学生多角度、多方位独立地思考和解决问题，鼓励学生标新立异、

探究新知、勇于发现、勇于创造，更好培养学生思维的独创性。

引申 1：如图 3-18，已知 $\triangle ABC$ 中，$BC = a$，BC 上的高 $AD = h$，四边形 $EGHF$ 为 $\triangle ABC$ 的第 1 个内接正方形，求证：正方形 $EGHF$ 的边长是 $x = \dfrac{ah}{a+h}$。

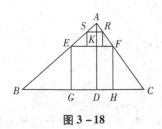

图 3-18

证明：设正方形 $EGHF$ 的边长是 x，得

$\because EF \parallel BC$，

$\therefore \triangle AEF \backsim \triangle ABC.$

$\therefore \dfrac{AK}{AD} = \dfrac{EF}{BC}$，

$\therefore \dfrac{h-x}{h} = \dfrac{x}{a}$，

$\therefore x = \dfrac{ah}{a+h}.$

引申 2：如图 3-18，已知 $\triangle ABC$ 中，$BC = a$，BC 上的高 $AD = h$，四边形 $EGHF$ 为 $\triangle ABC$ 的第 1 个内接正方形，在正方形 $EGHF$ 上面作第 2 个内接正方形 $SPQR$，继续往上方作第 3 个、第 4 个……求证：第 n 个正方形的边长是 $a \left(\dfrac{h}{a+h} \right)^{n}$。

证明：由上可得正方形 $EGHF$ 的边长是 $x = \dfrac{ah}{a+h}$. 设正方形 $SPQR$ 的边长是 y，

$\because SP \parallel EF$，

$$\therefore \triangle ASP \backsim \triangle AEF.$$

$$\therefore \frac{y}{\dfrac{ah}{a+h}} = \frac{h - \dfrac{ah}{a+h} - y}{h - \dfrac{ah}{a+h}},$$

$$\therefore y = a\left(\frac{h}{a+h}\right)^2.$$

即第 2 个正方形的边长是 $a\left(\dfrac{h}{a+h}\right)^2$，依此类比推理可得，第 n 个正方形的边长是 $a\left(\dfrac{h}{a+h}\right)^n$。

引申 3：如图 3－19，在 Rt$\triangle ABC$ 内有边长分别为 a，b，c 的三个正方形，求证：$b = a + c$。

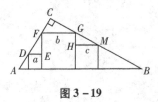

图 3－19

证明：容易可得 $\triangle DEF \backsim \triangle GHM.$ $\therefore \dfrac{DE}{GH} = \dfrac{EF}{HM}$，

$$\therefore \frac{a}{b-c} = \frac{b-a}{c},$$

$$\therefore b = a + c$$

引申 4：如图 3－20，已知 n 个边长相等的正方形组成在 Rt$\triangle ABC$ 的内接矩形，$BC = a$，$AC = b$，$AB = c$，求证：每个小正方形的边长是 $\dfrac{abc}{c^2 + nab}$。

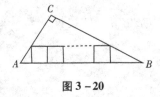

图 3－20

证明：设每个小正方形的边长是 x，容易可得 AB 上的高为 $\dfrac{ab}{c}$，得 $\dfrac{nx}{c}$

$$= \dfrac{\dfrac{ab}{c} - x}{\dfrac{ab}{c}},$$

$$\therefore x = \dfrac{abc}{c^2 + nab}.$$

分析：思维的独创性是指思维活动的内容、途径和方法的自主创新程度。它是思维中最可贵的品质，包含有新颖、独特、创造等因素。教师在教学中通过引导学生进行以上各种妙趣横生的探索，不但可以激发学生的学习兴趣，而且能使学生的思维纵横驰骋，创造力得到充分的发挥，从而培养了学生思维的独创性。

综上所述，课本是教学之本，深挖教材的潜力，充分发挥教材的自身作用，处理好课本习题的教学十分重要。立足课本，对课本典型习题进行演变、探究、引申、拓展、应用，由点到面，由题及类，解剖一例，带活一串，注意数学思想方法的渗透。这样的复习教学不仅深化了基础知识，提高学习的效率，而且有助于发展学生思维的发散性、培养学生思维的深刻性、提高学生思维的独创性，使学生形成良好的思维品质。

"基于深度学习的初中数学复习教学方式的实践研究"研究成果报告

当前数学复习教学的研究是比较多的，但是国内对数学复习教学方式的实践研究比较单一。本课题的创新之处在于较全面系统地研究数学复习教学的高效教学方式，研究达成学生在数学课堂深度学习的有效手段，打造基于深度学习的品质课堂中新型数学复习教学模式。研究初中数学复习教学的高效教学方式也是对教学方式理论的进一步丰富和发展。

1　主要成果

1.1　主要理论成果

1.1.1　构建了复习教学策略

"知识串链法""一题一课法"和"技术融合法"的案例研究，是从单点结构水平向多点结构水平发展，促使学生的数学学习从多点结构水平向关联结构水平发展。横向拓宽、纵向深入，促使学生的数学学习从关联结构水平向抽象拓展水平发展。认知结构的建构和联结，引导学生课中深度理解。知识的迁移与创造，引领学生课中深度思考。因此，围绕不同类型的复习课教学，分别从教学设计中目标指向、问题链接、系统建构、知识迁移、整体总结等方面进行了探索，形成了较为系统的教学策略体系，对提高初中数学复习教学活动的有效性具有指导意义和价值。

（1）"知识串链法"的复习教学策略：①知识网络中深度建构；②知识生长点深度追问；③知识发散点深度挖掘；④知识交叉点深度拓展；⑤知识总结中深度反思。

（2）"一题一课法"的复习教学策略：①低起点的问题引入；②整体性的系统建构；③螺旋式的拓展变式；④多维度的反思提炼。

（3）"技术融合法"的复习教学策略：①自学与导学的联动，重视学生课前深度参与；②认知结构的建构和联结，引导学生课中深度理解；③知识的迁移与创造，引领学生课中深度思考；④总结批判及多元评价，启发学生课中深度反思。

1.1.2 构建了复习教学模式

（1）知识串链法是指把分散的相对独立的多个知识点通过一条线、一个网络有效地连接起来，帮助学生建构起知识体系，达到复习教学高效的目的。教师应引导学生把这些知识点连接成线，再织成网，在自己的头脑中形成知识体系，有利于学生全面认识和准确理解相关的数学知识，从而提高学生对于数学的整体认识和宏观把握，提高学生的数学素养。

"知识串链法"课堂教学模式如图3-21所示。

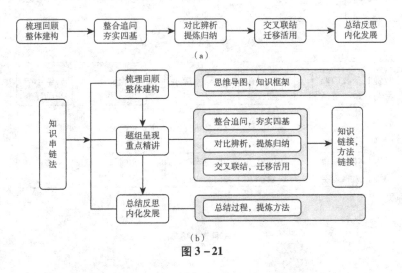

图3-21

（2）一题一课法的"题"是指一个具有生长性的数学问题，即"母题"。一题一课是指教师通过对一个综合性问题的分解、重组、优化，提炼出母题，教学时通过一般化、特殊化、类比等变式教学方式挖掘其内在学习价值，在探究和解决问题过程中对单元知识进行梳理和应用，形成科学、合理、稳定、有序的知识结构。

"一题一课法"课堂教学模式如图 3 – 22。

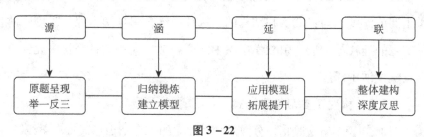

图 3 – 22

（3）技术融合法是指运用现代教育技术与数学复习教学相融合，运用现代教育技术的优势与数学复习内容深度融合设计的复习方式，激发学生兴趣，提高学生学习参与度，及时巩固知识。

"技术融合法"课堂教学模式如图 3 – 23。

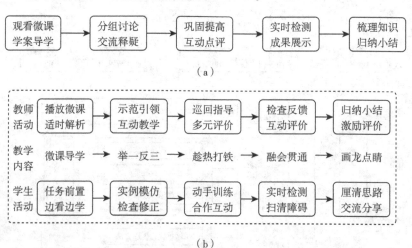

图 3 – 23

1.1.3　开发了初中数学复习课评价量表

初中数学复习课评价量表如表 3 – 1 所示。

表 3 – 1

教师姓名		授课地点		授课时间				
授课内容								
评价项目	评价要点			评分等级				得分
			A	B	C	D		
复习目标 （10 分）	1. 复习主题明确、目标具体，符合课程标准、教材要求和学生实际，形成知识结构网络体系，强化双基、培养能力			5分	4分	3分	2分	
	2. 重点、难点突出，内容正确，无知识性错误			5分	4分	3分	2分	
能力培养 （10 分）	1. 概念、规律表达准确，阐述清楚，原理、方法讲解透彻，有利于培养学生的迁移能力，培养提出问题和分析问题的能力			5分	4分	3分	2分	
	2. 试题分析、解题思路明确，步骤清楚，符合分步得分要求			5分	4分	3分	2分	
教学过程 （15 分）	1. 教学思路清晰，重视结构化和整体性教学设计，层次清楚，结构合理，重点突出，复习过程比较自然			5分	4分	3分	2分	
	2. 活动开展有效，学生参与度较高，思维较活跃			5分	4分	3分	2分	
	3. 复习与练习相结合，注重复习过程与结果的统一			5分	4分	3分	2分	
复习方法 （5 分）	复习方法体现了学生的主体作用，复习手段使用恰当有效，运用比较熟练			5分	4分	3分	2分	
教师行为 （15 分）	1. 创设良好的课堂复习氛围，能激发学生学习的学习兴趣			5分	4分	3分	2分	

续 表

评价项目	评价要点	评分等级				得分
		A	B	C	D	
教师行为（15分）	2. 面向全体学生，关注学生的发展，注重能力训练和创新意识培养	5分	4分	3分	2分	
	3. 评价具有针对性、激励性，反馈与矫正及时	5分	4分	3分	2分	
学生行为（10分）	1. 学生能在自主探索和合作交流的过程中积极主动地参与复习活动，主动获取知识	5分	4分	3分	2分	
	2. 学生积极参与复习、评价活动，敢于表达和质疑，体现出学生是学习的主人地位	5分	4分	3分	2分	
复习效果（15分）	1. 较好地实现预定的复习目标，完成了复习任务，课堂复习效率较高	5分	4分	3分	2分	
	2. 学生经历了知识体系的构建过程，合作学习适当且效率高，学习习惯的养成较好，并获得积极的情感体验	5分	4分	3分	2分	
	3. 学生思维比较活跃，学得比较轻松愉快，全体学生都得到较好发展	5分	4分	3分	2分	
教师素质（15分）	1. 教态自然，语言规范、准确、节奏感较强，有感然力；板书设计布局合理，书写规范	5分	4分	3分	2分	
	2. 处理教材的能力、组织协调能力和教学调控能力较强；教具、实验、现代教育技术运用得当，操作比较熟练	5分	4分	3分	2分	
	3. 学习氛围平等、民主，应变能力较强，能妥善处理突发问题	5分	4分	3分	2分	
个性特点（5分）	有创新点，有自己的教学个性特色	5分	4分	3分	2分	
听课老师签名：		最后得分：				

1.2 主要实践成果

课题组教学实践喜见成效,课题组撰写的 10 篇论文中,发表 6 篇,获省级奖项 1 篇,市级奖项 3 篇。在省、市各类教学比赛中获奖 27 项,其中省级 10 项,市级 17 项。此外,课题组成员有 4 人次获各级荣誉称号,其中市级 3 人次、镇级 3 人次。

自开展课题研究至今,我组教师课题研究成果统计表如表 3 – 2 所示。

表 3 – 2

成果	文章发表	技能获奖	课例研究	微课开发	调查报告	总计
数量	6	27	9	10	1	53

2 反思与设想

2.1 研究问题反思

本课题为我校数学教师提供了如何进行数学课的复习模式和策略,对数学课的复习效率提供有效地指引,促进教师团队的专业发展,但在研究中也存在一些问题。

2.1.1 研究过程中总结反思有待完善

目前课题组成员虽然已经掌握了课题研究的基本方法和步骤,但在研究过程中大多没有注意到及时总结和反思的重要性,以致反馈不够及时,不能很好地为下阶段的研究提供有改进性的参考。

2.1.2 模式复习对学生的作用欠缺跟踪

三个模式的复习对学生的影响虽然课题组有计划地进行,但在研究过程中还欠缺实际的数据等进行论证。

2.1.3 模式复习如何在不同章节实施

课题组探讨三个模式在初三复习课的实施作用,但不同章节、不同知识点采用怎样的模式更高效，还需我们继续探讨。优质课、微课资源怎样整合和利用等问题，还需在下一阶段深入研究。

2.2 后续研究设想

2.2.1 进一步开发和整合基于深度学习的初中数学复习课的相关数字资源

本课题组现已开发了一定数量的课程资源，包括优质课课件、课堂实录、教学设计、学案及其他相关教学资源，但目前还不够系统，下阶段将进一步整合和利用初中数学复习课课堂教学的优质数字资源，重点进行有机整合，探索并逐步形成一套行之有效的初中数学复习课的数字资源，提高复习课课堂的教学质量。

2.2.2 进一步优化基于深度学习的初中数学复习课的课堂教学模式

下阶段，课题组将重点关注基于深度学习的初中数学复习课的教学模式的总结和优化，模式力求简洁和易操作，要摒弃那些华而不实的"花拳绣腿"，而更加注重模式的实效性。课题组将重点关注"知识串链法、技术融合法、一题一课法"三个模式的复习课策略的提炼和总结，组织课题组成员开展最后的专题攻关研究，充分运用各种分析方法，提高研究成果的质量以及课题研究的实效性、科学价值和应用推广效果。

2.2.3 进一步优化基于深度学习的初中数学复习课的课堂教学策略

深度学习在复习课中体现为对现有知识题型及解题思想方法的迁移提炼和升华，让同学们通过复习课的学习，达到知识更系统更具条理，解题方法更具有模块化，力求做一题会一类。课题组应结合自身的情况和该节复习的特有知识结构灵活运用一题一课法、技术融合法、知识链接法对自己教学中的相关复习课进行打磨，并重点突出复习的深度学习。

2.2.4 进一步加强课题组成员分工协助和"三模式"下深度学习培训

切实开展课题研究、交流活动，做好课题活动记录，积累好过程性材料。每位课题组成员都要结合校内同课异构活动开设与课题相关的研究课，组内成员全员参与听、评课活动，将课题研究落到实处。进一步加强课题组的分工协助，多层次多角度进行课题组的交流与合作，解决一些大家在复习课的教学中长期困惑的问题。课题组要制定更详细的课题研究计划，并合理分工，同时充分发挥大家的能动性，课题组内部敢于突破关键问题，敢于尝试不同解决问题的方法，找到切中问题要害的有效的解决方法。课题组要定期开展内部总结会议提炼课题组的研究效果，并及时分配下一阶段的任务。

第 4 章

探究教学

实施数学探究性学习，是数学教学和学习方式改革的必由之路。在新课程实施过程中，教师要不断优化教学设计，激发学生的学习兴趣，创设有效的探究时间和空间，形成良好的探究风气。让每个学生都有主动探究的欲望和机会，从而真正实现"不同的人在数学上得到不同的发展"。

从一道例题谈数学探究性教学设计

　　动手实践、自主探索与合作交流是学生学习数学的重要方式。新课程提倡教师在课堂教学中着力构建探究平台，引导学生通过实践、思考、探索、交流，获得知识，形成技能。课堂教学应该是培养学生创新意识和实践能力的主阵地。因此，教师的课堂教学设计是能否激发学生探究兴趣，能否有效拓展学生思维发展空间和提高学生的综合素质的关键。

　　所谓数学探究性学习，是指"学生在数学领域或现实生活的情境中，通过发现问题、调查研究、动手操作、表达与交流等探究性活动，获得知识、技能和态度的学习方式和学习过程。"如何在初中数学教学中引导学生进行探究性学习？如何落实新课程理念下的教学目标？本文试图通过自己的课堂实例，呈现与探究性学习理论相结合的探究性学习的课堂教学设计。

　　例题　两个边长为 a，面积为 S 的全等的正 n 边形叠合，当叠合部分的中心角度数为 $\dfrac{360^\circ}{n}$ 时，正 n 边形的边被重合部分的总长度为多少？正 n 边形被重合部分的面积为多少？

　　本题没有提供图形，重合部分比较抽象，而且中心角概念模糊，学生感到难以入手。如何激发学生的探究欲望，让他们自己来参与数学发现呢？为此，我进行以下的教学设计。

1 创设情境，激发探究兴趣

实践与探究题 如图 4 – 1，正方形 $ABCD$ 的对角线相交于点 O，点 O 又是正方形 $A_1B_1C_1O$ 的一个顶点，而且这两个正方形的边长相等，那么无论正方形 $A_1B_1C_1O$ 绕点 O 怎样转动，两个正方形重叠部分的面积，总等于一个正方形面积的 $\frac{1}{4}$，想一想这是为什么。（人教版《数学》八年级下册 105 页"实践与探究"——"巧拼正方形"第 1 题）

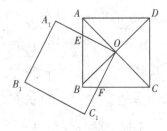

图 4 – 1

在这里，笔者利用了课本后面一道与例题有着内在联系的探究题，在《几何画板》中用鼠标拖动相关关键点，结合"计算工具"演示：重合部分的面积始终是一个固定的值。激起学生疑问：重合部分的位置在不断变化，为什么重合部分的面积却始终不变呢？这个固定的值是多少呢？如何来证明呢？学生这时处于一种复杂的心理状态，一方面学生非常想解决这个问题，很想说出为什么，另一方面又无法立即解决，因为认知水平不够，这种心理不平衡性激发了学生探究问题的兴趣和热情，从而产生了强烈的求知欲。

2 动手探索，引导深入探究

2.1 引导学生观察分析图形，解决问题并引申结论

（1）如图 4 – 1，一个正方形经过另一个正方形的中心，叠合的中心

角为多少度？

（2）你认为 AE 和 BF、OE 和 OF、$\triangle AOE$ 和 $\triangle BOF$ 分别有何关系？（$AE=BF$，$OE=OF$，$\triangle AOE \cong \triangle BOF$）

（3）$S_{四边形OEBF}$ 与 $S_{\triangle AOB}$ 有何关系？（相等）

（4）正方形 $ABCD$ 的边被另一个正方形 $A_1B_1C_1O$ 重合部分的总长度 $BE+BF$ 为多少？（定值为：正方形的边长）

（5）重合部分 $S_{四边形OEBF}$ 的面积为多少？（定值为：原正方形面积的四分之一）

结论引申：正方形 $ABCD$ 的边被另一个正方形 $A_1B_1C_1O$ 重合部分的总长度为正方形的边长，重合部分的面积为正方形面积的四分之一。

2.2 变式尝试，从特例入手，类比探究

（1）如图 4-2：设 O 是边长为 1 的正方形的中心，将一块半径足够长、圆心角为直角的扇形纸板的圆心放在 O 点处，并将纸板绕点 O 旋转，你能发现什么呢？（仍可得到上述结论）

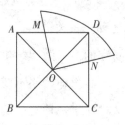

图 4-2

（2）如图 4-3：设 O 是边长为 a，面积为 S 的正三角形的中心，将一块半径足够长、圆心角为 120° 的扇形纸板的圆心放在 O 点处，并将纸板绕点 O 旋转，你能发现什么新结论呢？（正三角形的边被重合部分的总长度为 a，正三角形被重合部分的面积为 $\dfrac{S}{3}$）

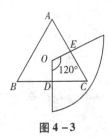

图 4 – 3

（3）如图 4 – 4：设 O 是边长为 a，面积为 S 的正五边形的中心，将一块半径足够长、圆心角为 72° 的扇形纸板的圆心放在 O 点处，并将纸板绕点 O 旋转，大家能发现什么新结论呢？（正五边形的边被重合部分的总长度为 a，正五边形被重合部分的面积为 $\frac{S}{5}$）

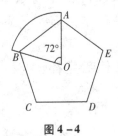

图 4 – 4

2.3 纵向探究，揭示普遍规律

（1）根据以上正三角形、正方形、正五边形的探究过程，请作出合理猜想。从特殊到一般地推广：将一块半径足够长的扇形纸板的圆心放在边长为 a，面积为 S 的正 n 边形的中心 O 点处，并将纸板绕点 O 旋转，当圆心角为 $\frac{360°}{n}$，正 n 边形的边被重合部分的总长度为定值 a，正 n 边形被重合部分的面积为定值 $\frac{S}{n}$。

（2）半径足够长，圆心角为 $\frac{360°}{n}$ 的扇形与正 n 边形内角度数有什么内在联系呢？若把"半径足够长，圆心角为$\dfrac{360°}{n}$的扇形"改为与之全等的正 n 边形，那么大家能得到什么结论？

类比迁移，可得到如下推广结论：两个边长为 a，面积为 S 的全等的正 n 边形叠合，当叠合部分中心角度数为$\dfrac{360°}{n}$时，正 n 边形的边被重合部分的总长度为 a，正 n 边形被重合部分的面积为$\dfrac{S}{n}$。

该教学过程设计结合了新课程标准中的探究性学习理论，涉及了变更问题、类比联想、尝试猜想、总结归纳等教学环节，从学生的"最近发展区"入手，为学生构建探究平台，鼓励学生自主动手、动脑实践，引导学生由浅入深，从特殊到一般进行探索归纳，有效拓展了学生思维发展空间，还培养了学生锲而不舍的学习精神和提高了学生的综合素质。

3 合作交流，促进优势互补

以四人为小组，进行组内合作，充分发表己见，形成小组集体意见。进行组际交流，交流猜想结论、交流验证方法等，学生概括两个正 n 边形被重合部分的一般规律。

这里，教师设计了一个容易激疑的问题情境，给学生思维以方向和动力；几个由浅入深的问题引起学生深入的思考，并且能促使学生"发现问题，做出思考，提出猜想，进行归纳"等探究性的学习活动，并教给学生探究性学习的方法。这样设计探究学习活动，是为了更有利于学生主体性的发挥。在探究活动中共同协作，互相学习，各尽其才，促进了学生在语言表达能力、思维品质、人格特征以及解题方法等方面的优势互补，使学生兴趣盎然地投入到探究新知的学习活动中，充分体验合作交流的乐趣。

4 反思小结，提炼数学思想

荷兰当代著名数学教育家弗赖登塔尔指出："反思是数学活动的核心和动力。"在探究学习中，学生通过自己的艰苦探索，探究出丰富多彩但有些杂乱无章的结果。这些结果虽然凝结了学生探究的辛苦，但却有对有错，因此，在探究学习过程中，教师应及时引导学生进行反思与小结。对于正确的、合乎逻辑的结果予以充分的肯定，并及时提炼上升到数学思想的高度。要让学生始终对自己充满信心，引导学生反思，为此，笔者和学生一起从以下几个方面进行总结。

（1）在问题的解决过程中，我们是怎样入手的？我们为什么要从这里入手？（从正三角形、正方形、正五边形等正 n 边形入手的）

（2）在证明过程中我们主要运用了哪些方法？（正三角形全等和面积转移法）

（3）本题可以概括出怎样的一般性的结论？（两个边长为 a，面积为 S 的全等的正 n 边形叠合，当叠合部分的中心角度数为 $\dfrac{360°}{n}$ 时，正 n 边形的边被重合部分的总长度为 a，正 n 边形被重合部分的面积为 $\dfrac{S}{n}$）

（4）在探究中运用了哪些数学思想方法？（化归思想、类比思想、转化思想、从特殊到一般的思想等）

5 课外延伸，深化学生探究

应用以上解题的方法和结论，尝试解决下列问题：

练习1 （2006年晋江市中考题）如图4-5，将 n 个边长都为1cm的正方形按如图所示摆放，点 A_1、A_2、$\cdots$、A_n 分别是正方形的中心，则 n 个这样的正方形重叠部分的面积和为（　　　）。

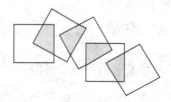

图 4－5

A. $\dfrac{1}{4}$cm^2　　　B. $\dfrac{n}{4}$cm^2　　　C. $\dfrac{n-1}{4}$cm^2　　　D. $\left(\dfrac{1}{4}\right)^n$cm^2

练习2　（2009 年东莞市中考题）

（1）如图 4－6，圆心接△ABC 中，AB ＝ BC ＝ CA，OD、OE 为⊙O 的半径，OD⊥BC 于点 F，OE⊥AC 于点 G，求证：阴影部分四边形 OF-CG 的面积是△ABC 的面积的 $\dfrac{1}{3}$。

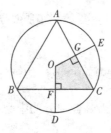

图 4－6

（2）如图 4－7，若∠DOE 保持 120°角度不变，求证：当∠DOE 绕着 O 点旋转时，由两条半径和△ABC 的两条边围成的图形（图中阴影部分）面积始终是△ABC 的面积的 $\dfrac{1}{3}$。

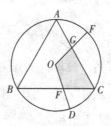

图 4－7

设计意图：结合近几年的中考命题热点，培养了学生思维的灵活性、变通性和严谨性。

练习3 （2007年山东临沂市中考题）如图4-8，已知△ABC中，AB=BC=1，∠ABC=90°，把一块含30°角的直角三角板DEF的直角顶点D放在AC的中点上（直角三角板的短直角边为DE，长直角边为DF），将直角三角板DEF绕D点按逆时针方向旋转。

（1）在图4-8中，DE交AB于M，DF交BC于N。①证明DM=DN；②在这一旋转过程中，直角三角板DEF与△ABC的重叠部分为四边形DMBN，请说明四边形DMBN的面积是否发生变化？若发生变化，请说明是如何变化的？若不发生变化，求出其面积。

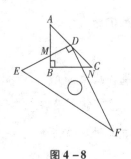

图4-8

（2）继续旋转至如图4-9的位置，延长AB交DE于M，延长BC交DF于N，DM=DN是否仍然成立？若成立，请给出证明；若不成立，请说明理由。

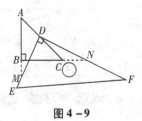

图4-9

（3）继续旋转至如图4-10的位置，延长FD交BC于N，延长ED交AB于M，DM=DN是否仍然成立？请写出结论，不用证明。

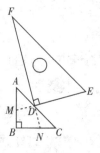

图 4 – 10

评析："（1）"中①连接 BD，证明 $\triangle BMD \cong \triangle CND$。

②四边形 $DMBN$ 的面积在旋转过程中恒等于 $\triangle ABC$ 的二分之

一，即 $\frac{1}{4}$。

"（2）（3）" $DM = DN$ 仍然成立。

设计意图：这道试题在"实践与探究题"的基础上，由正方形变为

三角形，增加了旋转的角度，设置新的问题。图形位置变化了，并没有

改变原问题中隐含的数量关系，特别是在观察图 4 – 8 时，我们应该有敏

锐的洞察力，要从表象中看出问题的实质。

一题多变，设计新题，继续拓展。（续上题）

（4）在上述旋转过程中，连接 MN，设 $CN = x$，$\triangle DMN$ 的面积为 y，

求当旋转角 α（$0° < \alpha < 90°$）y 与 x 之间的函数关系式，并写出自变量 x

的取值范围。

（5）当三角板 DEF 绕点 C 旋转到 DE 与 AB 垂直时（如图 4 – 11），

易证：$BM + BN = \sqrt{2}BD$。当三角板绕点 D 旋转到 DE 与 AB 不垂直时，在

图 4 – 12、图 4 – 13 这两种情况下，上述结论是否还成立？若成立，请给

予证明；若不成立，线段 BM、BN、BD 之间又有怎样的数量关系？请写

出你的猜想，不需证明。

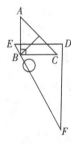

图 4 - 11

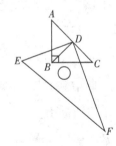

图 4 - 12

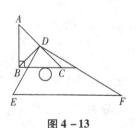

图 4 - 13

评析："（4）"∵ $AB = BC = 1$，$CN = x$，

∴ $BN = 1 - x$，$BM = x$.

由 $S_{\triangle DMN} = S_{四边形DMBN} - S_{\triangle MBN}$ 得 $y = \dfrac{1}{2} - \dfrac{1}{2}(1 - x)x$

∴ $y = \dfrac{1}{2}x^2 - \dfrac{1}{2}x + \dfrac{1}{2}$（因为 $0° < \alpha < 90°$，所以 $0 < x < 1$）．

"（5）"图 4 - 12 结论：$BM + BN = \sqrt{2}BD$。

证明：过 D 分别作 BA、BC 的垂线，垂足分别为 P、Q。

$\triangle DPM \cong \triangle DQN$，$MP = NQ$，$BP = BM + MP$，$BQ = BN - NQ$.

又 $BP + BQ = \sqrt{2}BD$，即 $BM + MP + BN - NQ = \sqrt{2}BD$，∴ $BM + BN = \sqrt{2}BD$.

图 4 - 13 结论：$BN - BM = \sqrt{2}BD$。

设计意图：一题多变，围绕同一图形，从不同角度，或变换旋转角度，或结合其它知识点，引导学生进行深入探究，有利于学生更扎实地掌握知识结论。本题图形运动的位置发生改变，得到的结论也随之发生变化。那么在解决该问题时要把握问题的本质，在图形变化中寻求不变量，在运动过程中把握不变的规律和结论，通过类比思维，由已有的结论猜想出相关的结论，从而培养学生思维的发散性。

学生经过自己的主动探索、实验，发现了重要的结论，这是对学生主动参与精神的激励，能使学生体验到主动探究成功后的喜悦，增强学生学习的动力和信心。经过组内和组际的交流，能使学生各自得到不同的收获，同时能使学生感悟到"面对新问题，联想旧知识，寻找新旧知识之间的关系，揭示知识规律，获取新知"的探究方法和策略，使他们更自觉更主动地投入到探究性学习活动中去。

实施数学探究性学习，是数学教学和学习方式改革的必由之路。学生探究性学习活动能否顺利实施，关键在于教师能否创造适宜的教学情境和进行合理的引导。在新课程实施过程中，教师要运用一切可能的手段，不断优化教学设计，激发学生的学习兴趣，创设有效的探究时间和空间，形成良好的探究风气，让每个学生都有主动探究的欲望和机会，从而真正实现"不同的人在数学上得到不同的发展"。

第 5 章

课堂教学要求教师能创造性地使用教材，根据各自不同的教学对象及时调整教学策略，必要时可以创新教材、活用教材、重组教材，融入自身的创新精神和智慧超越教材，通过对教材的整合，充分有效地激活教材知识。

教材整合

从一节数学同课异构课谈教材的整合

在教学活动中，教师要创造性地使用教材，积极开发、利用各种教学资源，为学生提供丰富的学习素材。强调教师"用教材"，不是简单的"教教材""照本宣科"。这样不仅偏离了教材编写者的意图，也在一定程度上制约了学生个性的发展。这就需要教师对教材进行有效地整合。如何更好地整合教材便成为了一线教师面临的问题。同课异构能提供对教材整合情况和学生学习情况的对比，引发教师智慧的碰撞和深刻的反思，增强了教师对教材的整合能力。本人很荣幸亲身经历了课题为"全等三角形的判定——ASA、AAS"的"同课异构"课，原先在八年级（7）班上课的教学设计与新人教版教材编排的内容基本保持一致，后来有幸承担了东莞市公开研讨课任务，对教材重新整合后授教于八年级（8）班。在此，本文试图对整合前、后的教学设计作对比，谈谈新人教版教材的整合，以提供参考。

1 优化教材教学情境，创新教材

教材作为教学活动的载体，它既为学生的学习活动提供了基本线索，同时也为教师的教学活动提供了必要依据和基本素材。新人教版教材内容是编写专家们经过认真商讨与仔细推敲后才确定的，它们具有科学性、示范性。但不可否认，教材仍存在一定的缺点，有时不符合不同地区不同学生的实际，有时因操作时间较长不利于课堂重难点的突破，根据课堂的实际情况，必要时可以对教学情境进行开发、替换、优化、创新，以达到更好的教学效果。

表5-1为教学内容整合前后的对比。

表5-1

授课班级	八年级（7）班	八年级（8）班
教学内容	整合前（教材编排）	整合后（优化、创新）
创设情境	（人教版八年级教材P39）前面的学习中提出了问题："有两个角和一条边对应相等的三角形一定全等吗？"这节课我们一起来思考并回答这个问题： 1.（1）如下图，画 $\triangle A'B'C'$，使 $A'B' = AB$，$\angle A' = \angle A$、$\angle B' = \angle B$ 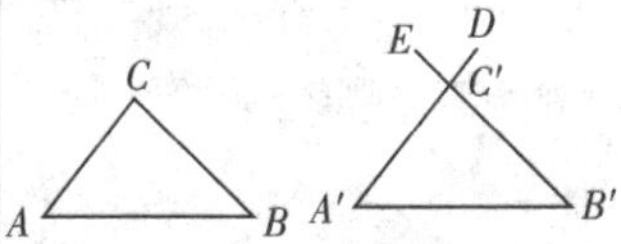 （2）将你画的 $\triangle A'B'C'$ 与 $\triangle ABC$ 进行比较，它们全等吗？ 答：_____ _____ 由此得到：两个角和它们的夹边对应相等的两个三角形全等。简写为_____，或_____。	1.（1）有两块模型，左边是一块完整的三角形，右边是一块不完整的三角形，$A'B' = AB$，$\angle A' = \angle A$、$\angle B' = \angle B$，若沿两边作延长线交点 C'，$\triangle A'B'C'$ 与 $\triangle ABC$ 进行比较，它们全等吗？ 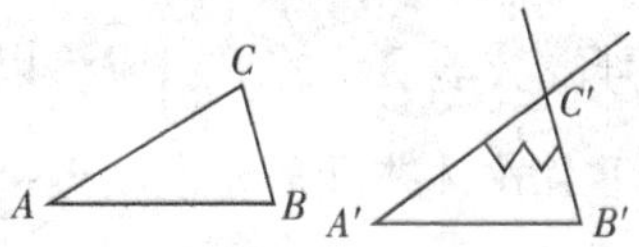 答：_____ _____ （2）对于两个角和它们的夹边分别相等的任意两个三角形会全等吗？看几何画板演示。 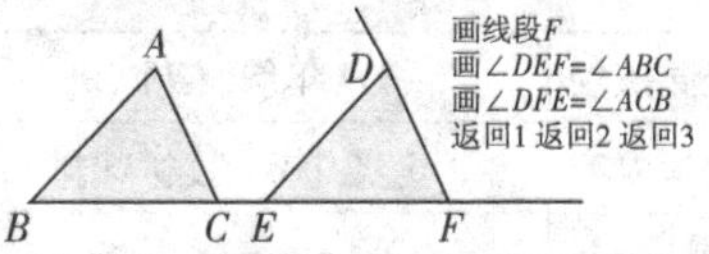 $m\angle ABC = 38.21°$ $m\angle DEF = 38.21°$ $BC = 6.14$ 厘米 $EF = 6.14$ 厘米 $m\angle ACB = 57.74°$ $m\angle DFE = 57.74°$ 由此得到：两个角和它们的夹边对应相等的两个三角形全等。简写为_____，或_____。
所用时间	10分钟	4分钟
教学反思	弊：尺规画法不是本节课的教学重点，所用时间过长，后面定理的练习时间较仓促，不利于教学重难点的突破。	利：演示直观，激发学生的学习兴趣，所用时间不长，后面定理的练习时间较充分，有利于教学重难点的突破。

69

分析：从两个班上课的情况来看，在不偏离教材编写意图的基础上优化教材原有的教学情境之后，由于引入直观、新奇、扣人心弦、富有吸引力的方法，激发了学生的学习兴趣，八年级（8）的同学上课更积极，更投入，创设情境所用时间较合适，有利于后续教学重难点的突破。因此，在不改变教材编写意图的基础上对教材进行优化，同样会收到很好的教学效果，顺利地达成教学目标。

2 调整教材例题顺序，活用教材

准确理解教材、尊重教材是进行有效教学的前提，但不能对教材盲目崇拜。教学活动的组织应该以有利于学生开展学习活动为目标，教师要善于对教材进行合理适度地准确开发，而绝非生搬硬套。对于教材中设计的例题，我们应以辩证的眼光进行分析和处理，结合学情，因人、因时、因地进行调整，使之更符合学生的认知规律。

表 5 - 2 为教学内容整合前后的对比。

表 5 - 2

授课班级	八年级（7）班	八年级（8）班
教学内容	整合前（教材编排）	整合后（调整、活用）
例题教授运用新知	（人教版八年级教材 P40）如图，D 在 AB 上，E 在 AC 上，$AB = AC$，$\angle B = \angle C$. 求证：$AD = AE$。 如图，$\angle A = \angle D$，$\angle B = \angle E$，$BC = EF$，这两个三角形是否一定全等？ 答：_____。	在 $\triangle ABO$ 和 $\triangle CDO$ 中，$AO = CO$，当添加条件_____时，就可得到 $\triangle ABO \cong \triangle CDO$，依据是_____。 如上图，$\angle B = \angle D$，$AO = CO$. 求证：$\triangle ABO \cong \triangle CDO$。 证明：又 $\because \angle B = \angle D$，$\angle 1 = \angle 2$，$\therefore 180° - \underline{\quad\quad} = 180° - \underline{\quad\quad}$，$\therefore \angle A = \angle C$。

续 表

授课班级	八年级（7）班	八年级（8）班
教学内容	整合前（教材编排）	整合后（调整、活用）
例题教授运用新知	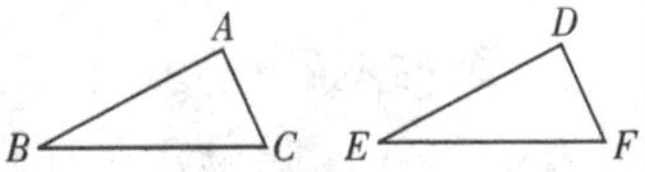 证明：（学生写出证明过程） 由此得到：两个角和其中一个角的对边对应相等的两个三角形全等。简写为 ____，或____。	在△ABO 和△CDO 中： $\left\{\begin{array}{l} \\ \\ \end{array}\right.$ ∴ △ABO≌△CDO（　　　） 由此得到：两个角和其中一个角的对边对应相等的两个三角形全等。简写为____，或____。 例1 如图，D 在 AB 上，E 在 AC 上，AB = AC，∠B = ∠C. 求证：AD = AE。 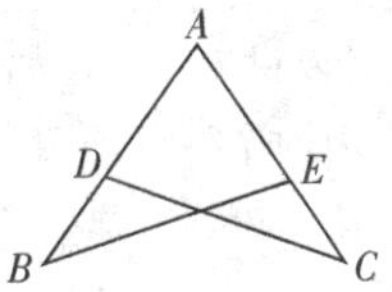
所用时间	14分钟	12分钟
教学反思	弊：第2题过度不自然，证明时间太长，导致课堂巩固练习时间太仓促，不利于教学重难点的突破	利：调整教材例题顺序后，第2题既能及时巩固判定方法 AAS，也能快速过度到第3题，证明另一种判定方法成立，一举两得。同时，通过构建证明过程"脚手架"，节省时间，为课堂巩固练习争取更多时间

分析：优化整合的着眼点应放在教材的组织和结构上，每一节课需要在不同的时间加以完善和提高。对于教师而言也有一个再认识的问题，教师可以根据每节课知识点之间的联系调整讲授顺序，也可以根据学生接受的难易程度、学生的知识结构、学习心理适应程度等适当调整教学的顺序，这就要求教师要认真解读教材，活用教材，必要时有所创新。

3 精选教材课堂练习，重组教材

教材中的练习是学生巩固运用知识的题材，是学生进行有效学习的重要载体。在组织练习的过程中，不能单纯的就题论题，而应根据教学的需要和学生的认知特点，对教材习题进行精选和重组，丰富其内涵，放大其功能。

表 5 – 3 为教学内容整合前后的对比。

表 5 – 3

授课班级	八年级（7）班	八年级（8）班
教学内容	整合前（教材编排）	整合后（精选、重组）
巩固练习 变式训练	（教材 P41.1）如图，要测量河两岸相对的两点 A、B 的距离，可以在 AB 的垂线 BF 上取两点 C、D，使 BC = CD，再定出 BF 的垂线 DE，使 A，C，E 在一条直线上，这时测得 DE 的长度就是 AB 的长度，为什么？ 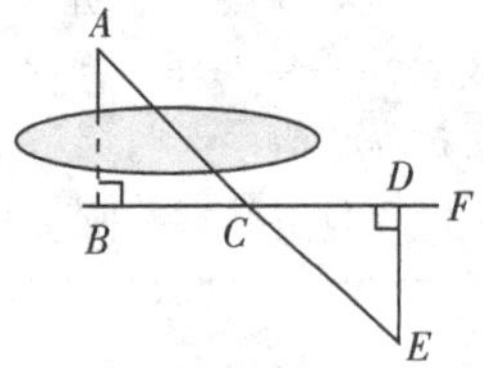 （教材 P41.2）如图，AB ⊥ BC，AD ⊥ DC，∠1 = ∠2. 求证：AB = AD. 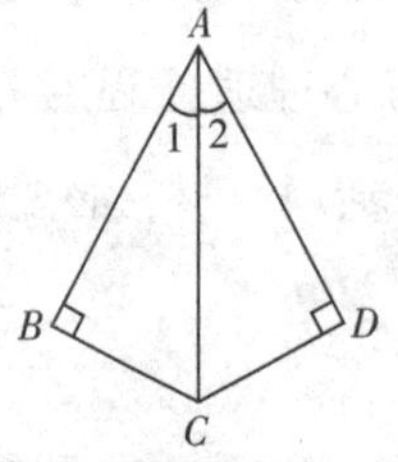	（教材 P44.4）如图，∠1 = ∠2，∠3 = ∠4. 求证：AC = AD. 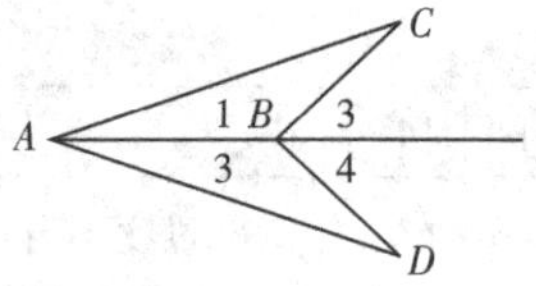 （教材 P45.12）如图，D 是 AB 上一点，DF 交 AC 于点 E，DE = FE，FC // AB. 求证：AE = CE。 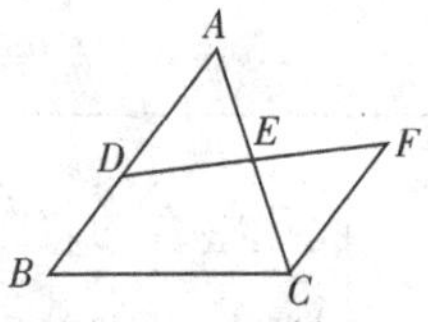 （教材 P44.11）如图，点 B，F，C，E 在一条直线上，FB = CE，AB // ED，AC // FD，求证：AB = DE，AC = DF。 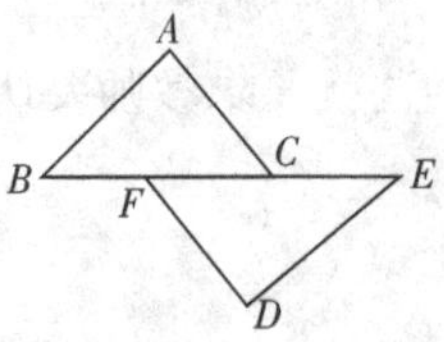

授课班级	八年级（7）班	八年级（8）班
教学内容	整合前（教材编排）	整合后（精选、重组）
所用时间	13 分钟	18 分钟
教学反思	弊：第2题是文字表述题，对于初学者来说，阅读时间太长，题意较难理解，此题可在熟练知识后再完成。且以上两题解题方法和知识点比较单一，课堂信息量较少，不利于课堂教学重难点的突破。	利：精选以上教材中三道习题，包含以内角、外角、内错角、对顶角为载体的全等三角形证明题，知识点较多，且能一题多解，AAS 或 ASA 都得到巩固，节省了练习时间，并能让学生分辨两种方法的区别。

分析：整合教材中的习题，可以做到既不脱离教材，又不被教材所束缚，使其源于教材，又不拘泥于教材。作为教师，要引导学生重视教材习题，不应忽视课本习题去做大量的课外习题，陷入"题海"战术，增加学生的负担。教师要对教材习题重新组合，精挑细选，精心设计与挖掘，才能提高学生运用知识的能力。

4 精编课后巩固作业，超越教材

数学课后作业是数学教学的重要环节之一，高质量的作业设计不仅能对旧知识起到复习巩固的作用，而且还能激发学生的学习兴趣。可目前，学生课业负担过重已成为不争的事实，作业不精心设计，内容不精炼，类型和层次单一，会导致学生不能很好巩固新课的知识，同时，不同层次的学生得不到不同的发展。

表5-4为教学内容整合前后的对比。

表 5-4

授课班级	八年级（7）班	八年级（8）班
教学内容	整合前（简单拼凑）	整合后（精编、超越）
课后作业 巩固提高	如图，D 在 AB 上，E 在 AC 上，$AD=AE$，$\angle B=\angle C$，求证：$AB=AC$。	如图，$CD\perp AB$，$BE\perp AC$，垂足分别为 D，E，且 $\angle ABC=\angle ACB$，求证：$\triangle BCD\cong\triangle CBE$。

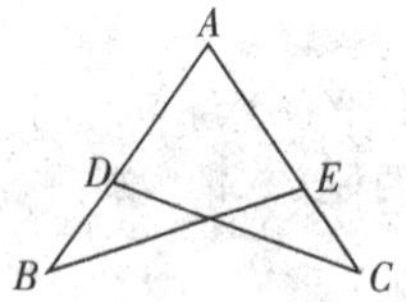

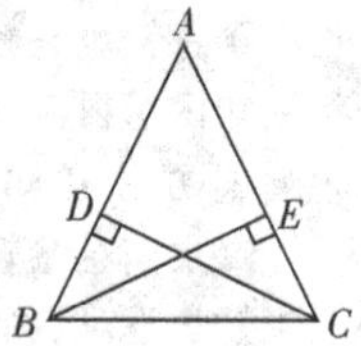

如图，$\angle C=\angle D$，$CE=DE$。
求证：$\triangle ACE\cong\triangle BDE$。

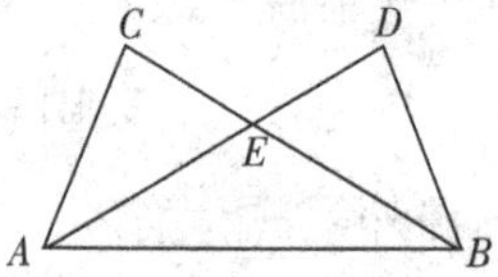

如图，点 E，F 在 BC 上，$BE=CF$，$\angle A=\angle D$，$\angle B=\angle C$，求证：$AB=DC$。

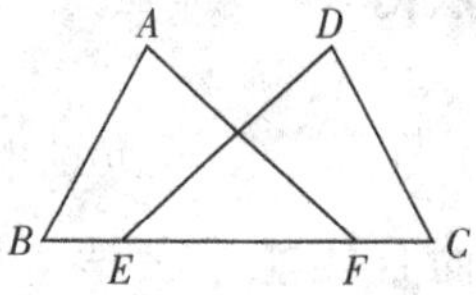

如图，AO 平分 $\angle BAC$，$\angle 1=\angle 2$，求证：$\triangle AOB\cong\triangle AOC$。

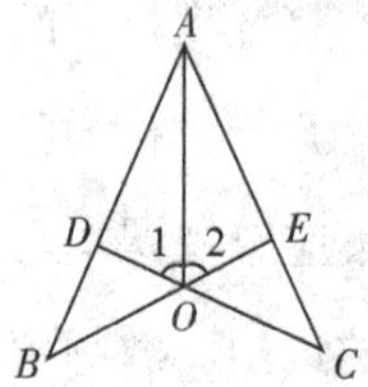

如图：$CD\perp AB$，$BE\perp AC$，垂足分别为 D，E，BE，CD 相交于点 O，$\angle 1=\angle 2$，求证：$OB=OC$。

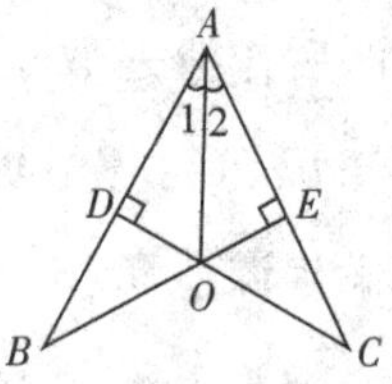

| 教学反思 | 弊：题目简单拼凑，缺乏层次，类型和方法较单一。 | 利：精编以上三道习题，以"题组"和"一题多变"的形式，对同一图形，变换不同的条件背景，节省了审题的时间，减轻学生的课后负担，并且注意作业的层次，判定方法 AAS、ASA 以及二次全等都得到巩固。 |

分析：不同课型的作业设计不尽相同，"一题多变""题组训练"是常用的设计方式。通过教师对作业精心编设，挖掘教材习题中丰富的内涵，变换不同的条件背景，引导学生围绕原题进行多角度、多方向、多层次的变式思考与探索，加强不同知识点的纵、横联系。这样既可以节省学生的审题时间，也可以更大程度地提高学生思维的深刻性，做到设计源于教材，超越教材。

教材是开放的、生动的。作为教材的主人，我们要遵循教学规律，根据教材和学生的特点，不断更新教学模式，创造性地整合新教材，努力提高灵活驾驭、创新教材的能力，最大限度地开发教材的使用价值，焕发教材的生命活力，使我们教得自如，学生学得轻松，从而让我们的数学课堂更加灵动与精彩。

第 6 章

解题教学

在解题教学中不能就题论题，应认真挖掘题目中丰富的内涵，变换不同的条件背景，引导学生围绕原题进行多角度、多方向、多层次地变式思考与探索，加强不同知识点的纵、横联系，更大程度地提高学生思维的灵活性、深刻性和广阔性。同时，在解题教学中注重策略，具体有审题策略、建模策略、讲评策略、得分策略等，帮助学生树立信心，提高解决问题的能力。

对一道经典几何题进行变式
教学的深层次思考

  如何有效地减轻学生的学习负担、提高学习兴趣、培养数学素养,是摆在初中数学教师面前的一个难题。在教学实践中,笔者深深体会到:变式教学符合学生的认知规律,能多角度、多方向、多层次地推进,为学生提供一个求异、思变的空间,让学生把学到的概念、公式、定理、法则运用到各种题目中去,培养学生灵活多变的思维品质,提高数学素养。变式教学有利于培养学生研究、探索问题的能力,使学生把握在变化过程中始终保持不变的因素,从而透过现象看到本质,利用有限的时间创造无限的效益。本文试图通过实例,呈现如何在数学课堂教学中进行"一题多变"的变式训练。

  例题 如图 6 – 1,已知四边形 $ABCD$ 是正方形,E、F 分别是边 BC、CD 上不与顶点重合的点,AE、AF 分别交对角线 BD 于点 G、点 M,ME 与 GF 相交于点 O,求证:若 $\angle EAF = 45°$,则 $BE + DF = EF$。

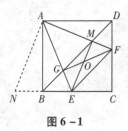

图 6 – 1

证明：将 $\triangle ADF$ 绕 A 点顺时针方向旋转 $90°$ 到 $\triangle ABN$ 的位置，

所以 $AN = AF$，$NB = DF$，$\angle NAB = \angle FAD$，

因为 $\angle EAF = 45°$，所以 $\angle FAD + \angle BAE = 45°$，

所以 $\angle NAE = \angle NAB + \angle BAE = \angle FAD + \angle BAE = 45°$，

所以 $\angle NAE = \angle EAF$，又 $AE = AE$，

所以 $\triangle AEF \cong \triangle AEN$，所以 $EF = EN = BE + NB = BE + DF$.

1　变式探索及巩固应用

以下的探索是建立在上述例题和图 $6-1$ 不变的基础上，对问题进行变式，为了节省篇幅，证明方法与上面接近的略去。

变式 1　求证：如图 $6-1$，若 $BE + DF = EF$，则 $\angle EAF = 45°$。（证法略）

应用 1　（1998 年北京市中学生数学竞赛题）如图 $6-2$，正方形 $ABCD$ 被两条与边平行的线段 EF、GH 分割成四个小矩形，P 是 EF 和 GH 的交点，若矩形 $PFCH$ 的面积是矩形 $AGPE$ 面积的 2 倍，试确定 $\angle HAF$ 的大小，并说明你的结论。

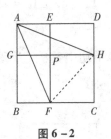

图 $6-2$

解：如图 $6-2$，连接 HF，设正方形 $ABCD$ 的边长为 1，$AE = x$，$AG = y$，则 $CF = ED = 1 - x$，$CH = BG = 1 - y$，

由 $S_{PFCH} = 2S_{ACPE}$，得 $(1 - x)(1 - y) = 2xy$，

即 $x + y = 1 - xy$。

又 $FH = \sqrt{(1-x)^2+(1-y)^2} = \sqrt{2-2(x+y)+x^2+y^2} = \sqrt{(x+y)^2}$

$= x+y$,

所以 $BF+DH=FH$，所以由问题变式一的结论，得 $\angle HAF=45°$。

变式2 求证：如图 6-1，若 $\triangle EFC$ 的周长等于正方形的边长的 2 倍，则 $\angle EAF=45°$.（证法略）

应用2 （第四届"祖冲之杯"初中数学竞赛题）如图 6-3，正方形 $ABCD$ 边长为 1，AB，AD 上各有一点 P、Q，如果 $\triangle APQ$ 的周长为 2，求 $\angle PCQ$ 的度数。

解：如图 6-3，因为 $\triangle APQ$ 的周长为 2，$AB=1$，所以 $\triangle APQ$ 的周长等于正方形 $ABCD$ 边长的 2 倍，由问题变式二的结论，得 $\angle PCQ=45°$。

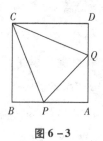

图 6-3

变式3 求证：如图 6-1，若 $\angle EAF=45°$，则点 A 到 EF 的距离等于正方形的边长。（证法略）

应用3 （2003 年上海市初中数学竞赛题）如图 6-4，正方形 $AB-CD$ 的边长为 1，点 M、N 分别在 BC、CD 上，使得 $\triangle CMN$ 的周长为 2。

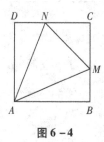

图 6-4

（1）求∠MAN 的大小。

（2）求△MAN 面积的最小值。

解：（1）由问题变式二的结论，得∠MAN = 45°。

（2）由问题变式三的结论，得知点 A 到 MN 的距离等于正方形的边长 1，所以 $S_{\triangle AMN} = \frac{1}{2}MN$。

设 BM = x，则 CM = 1 - x，由"例题"的结论，得 DN = MN - x，所以 CN = 1 - MN + x，

在 Rt△CMN 中，$MN^2 = (1 + x - MN)^2 + (1 - x)^2$，化简，得 $x^2 - MNx + 1 - MN = 0$，

因为 x 为正数，所以 $\Delta = MN^2 - 4(1 - MN) \geqslant$ 即 $(MN + 2)^2 \geqslant 8$。

因为 MN + 2 > 0，所以 $MN \geqslant 2\sqrt{2} - 2$。

因此 MN 的最小值 2（$\sqrt{2} - 1$），所以△MAN 面积的最小值 $\sqrt{2} - 1$。

变式4 求证：如图 6 - 1，若∠EAF = 45°，则 $S_{五边形ABEFD} = 2S_{\triangle AEF}$。
（证法略）

应用4 （第五届"希望杯"数学竞赛题）如图 6 - 5，已知正方形 ABCD 中，△AEF 是正方形的内接三角形，∠EAF = 45°，AB = 8，EF = 6，求△EFC 的面积。

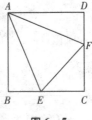

图 6 - 5

解：因为四边形 ABCD 是正方形，∠EAF = 45°，

所以由问题变式三的结论，得点 A 到 EF 的距离为 8。

所以 $S_{\triangle AEF} = 8 \times 6 \times \dfrac{1}{2} = 24.$

又由问题变式四的结论，得 $S_{五边形ABEFD} = 2S_{\triangle AEF} = 48$，所以 $S_{\triangle EFC} = 8^2 - 48 = 16$。

变式 5　求证：如图 6 – 1，若 $\angle EAF = 45°$，则 $\angle AEB = \angle AEF$ 或 $\angle AFD = \angle AFE$。（证法略）

应用 5　（2007 年全国初中数学竞赛天津赛区初赛题）如图 6 – 6，在梯形 $ABCD$ 中，$AD \parallel BC$，$AD \perp CD$，$BC = CD = 2AD$，E 是 CD 上一点，$\angle ABE = 45°$，则 $\tan \angle AEB$ 的值等于（　　）。

A. 3/2　　　　B. 2　　　　C. 5/2　　　　D. 3

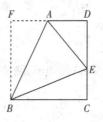

图 6 – 6

解：如图 6 – 6，过点 B 作 $BF \perp BC$ 交 DA 的延长线于点 F，则由已知易证四边形 $FBCD$ 是正方形。

又 $\angle ABE = 45°$，所以由例题的结论和问题变式五的结论，

得 $FA + EC = AE$，$\angle AEB = \angle BEC$，

因为 $FD = AF + AD = 2AD$，所以 $AF = AD$，即 $AD + EC = AE$。

在 $\mathrm{Rt}\triangle ADE$ 中，由勾股定理，得 $AE^2 = AD^2 + DE^2$，即 $(AD + EC)^2 = AD^2 + (2AD - EC)^2$，

化简，得 $2AD^2 - 3AD \times EC = 0$，因为 $AD \neq 0$，所以 $2AD = 3EC$，即 $BC = 3EC$，

所以 $\tan \angle AEB = \tan \angle BEC = \dfrac{BC}{EC} = 3$，应选 D.

变式 6 求证：如图 6 – 1，若 $\angle EAF = 45°$，则 $\triangle AGM \backsim \triangle AFE$ 且 $S_{\triangle AEF} = 2S_{\triangle AGM}$。

证明：如图 6 –1，因为在 $\triangle BGE$ 和 $\triangle AGM$ 中，

$\angle EAF = \angle GBE = 45°$，$\angle BGE = \angle AGM$，所以 $\angle AMG = \angle AEB$，

由问题变式五的结论，得 $\angle AEB = \angle AEF$，所以 $\angle AMG = \angle AEF$。

因为 $\angle GAM = \angle FAE$，所以 $\triangle AGM \backsim \triangle AFE$。

设正方形的边长为 1，则点 A 到 GM 的距离 $h_1 = \dfrac{\sqrt{2}}{2}$，点 A 到 EF 的距

离 $h_2 = 1$，所以 $\dfrac{GM}{EF} = \dfrac{h_1}{h_2} = \dfrac{\sqrt{2}}{2}$。

因为 $S_{\triangle AGM} = \dfrac{1}{2}GM \times h_1 = \dfrac{1}{2}GM \times \dfrac{\sqrt{2}}{2}$，$S_{\triangle AEF} = \dfrac{1}{2}EF \times h_2 = \dfrac{1}{2}EF \times 1$，

所以 $\dfrac{S_{\triangle AGM}}{S_{\triangle AEF}} = \dfrac{\sqrt{2}GM}{2EF} = \dfrac{1}{2}$. 所以 $S_{\triangle AEF} = 2S_{\triangle AGM}$。

应用 6 （1990 年四川省初中数学竞赛题）如图 6 – 7，从正方形 $ABCD$ 的顶点 A 任引两条射线，使其夹角为 45 度，分别与 BC、CD 交于 E、F，与 BD 交于点 P、Q，求证：$S_{\triangle AEF} = 2S_{\triangle APQ}$。

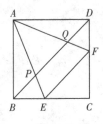

图 6 – 7

解：由问题变式六的结论，得 $S_{\triangle AEF} = 2S_{\triangle APQ}$。

变式 7 求证：如图 6 – 1，若 $\angle EAF = 45°$，则 $FG \perp AG$，且 $FG = AG$。（证法略）

应用 7 （第十一届"希望杯"邀请赛初二试题）如图 $6-8$，正方形 $ABCD$ 中，$AB=\sqrt{3}$，点 E、F 分别在 BC、CD 上，且 $\angle BAE=30°$，$\angle DAF=15°$，求 $\triangle AEF$ 的面积。

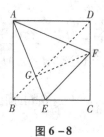

图 $6-8$

解：如图 $6-8$，连接 BD 交 AE 于点 G，连接 GF。

则由 $AB=\sqrt{3}$，$\angle BAE=30°$，

得 $AE=2$，$BE=1$，由 $AD\ /\!/\ BE$，得 $\dfrac{BE}{AD}=\dfrac{EG}{GA}$，即 $\dfrac{EG}{GA}=\dfrac{1}{\sqrt{3}}$，

所以 $\dfrac{2}{GA}=\dfrac{\sqrt{3}+1}{\sqrt{3}}$，即 $AG=3-\sqrt{3}$，由 $\angle BAE=30°$，$\angle DAF=15°$，得 $\angle EAF=45°$，

所以由问题变式七的结论，得 $FG\perp AG$，$FG=AG$，

所以 $S_{\triangle AEF}=\dfrac{1}{2}AE\cdot FG=\dfrac{1}{2}\times2\ (3-\sqrt{3})\ =3-\sqrt{3}$。

变式 8 求证：如图 $6-1$，若 $\angle EAF=45°$，则 $S_{正方形ABCD}：S_{\triangle AEF}=2AB：EF$。

证明：由问题变式三的结论，得知点 A 到 EF 的距离等于正方形的边长 AB。

所以 $S_{正方形ABCD}：S_{\triangle AEF}=\dfrac{AB^2}{\dfrac{1}{2}EF\cdot AB}=2AB：EF$。

应用8　（《中等数学》数学奥林匹克初中训练题98）如图 6 - 9，已知点 E、F 分别在正方形 $ABCD$ 的边 BC、CD 上，$\angle EAF = 45°$，且 $S_{\text{正方形}ABCD} : S_{\triangle AEF} = 5 : 2$，则 $AB : EF = ($　　　$)$

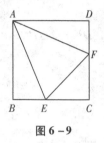

图 6 - 9

A. $5 : 2$　　　　B. $25 : 2$　　　　C. $\sqrt{5} : 2$　　　　D. $5 : 4$

解：如图 6 - 9，由问题变式八的结论，得 $S_{\text{正方形}ABCD} : S_{\triangle AEF} = 2AB : EF = 5 : 2$。

所以 $AB : EF = 5 : 4$，选择 D。

设计意图：一题多变，围绕同一图形，从不同角度，结合近几年的命题热点，创造性地引导学生进行深入探索及应用，有利于节省学生的审题时间，更扎实的掌握和巩固知识结论，有利于培养学生研究、探索问题的能力，使学生掌握在变化过程中始终保持不变的因素，在解决该问题时要把握问题的本质，从而培养学生思维的发散性、灵活性、变通性和深刻性。

2　结论的引申

上述形成的结论实质是：经过正方形顶点的一内角为45°的内接三角形，正方形的大小与三角形位置、边长的大小都是非本质的。在我们的教学中，只要抓住问题的本质，作为变式设计的根据，就可以编出丰富多彩的新命题。由以上问题的变式不难发现还有如下结论。

如图 6 - 1，四边形 $ABCD$ 是正方形，若 $\angle EAF = 45°$，则

（1）$\triangle BEM \backsim \triangle EGM \backsim \triangle BGA$。

（2）$\triangle DFG \backsim \triangle FMG \backsim \triangle DMA$。

（3）$\triangle GOM \backsim \triangle EOF$。

（4）$\triangle AGM \backsim \triangle AFE \backsim \triangle DFM \backsim \triangle BGE \backsim \triangle DGA \backsim \triangle BAM$。

（5）$\triangle ABE \backsim \triangle FGE$。

（6）$\triangle ADF \backsim \triangle EMF$。

（7）$\triangle AGM \backsim \triangle AME \backsim \triangle MOF \backsim \triangle GEO$ 且 $\triangle AGM$，$\triangle AME$，$\triangle MOF$ 和 $\triangle GEO$ 都是等腰指直角三角形。

（8）点 O 为 $\triangle EAF$ 的垂心。

（9）$S_{正方形ABCD} : S_{五边形ABEFD} = AB : EF$。

（10）A、D、F、G 或 A、M、E、B 或 G、E、C、F 或 E、C、F、M 共圆。

该教学过程设计结合了新课程标准中的探究性学习理论，涉及了变更问题、类比迁移、尝试猜想、总结归纳等教学环节，从学生的"最近发展区"入手，以点带面，鼓励学生自主动手、动脑实践，引导学生由浅入深，从局部到整体进行探索归纳，有利于掌握知识的深度和广度，有效拓展了学生思维发展空间，还培养了学生思维的深刻性和锲而不舍的学习精神。

3 教学思考

从题目的设置上看，本文灵活地以经过正方形顶点的一内角为45°的内接三角形为载体进行"一题多变"，让学生在多角度、多方向、多层次的操作过程中挖掘与探索，感悟数学的思想方法和本质，有化难为易、化繁为简的作用。如果教师在教学过程中创造性地利用好此题目，将具有良好的导向作用。

从新课程理念的角度出发，题目旨在培养学生思维的发散性、灵活性、变通性、严谨性和深刻性，本题在各地的考题中出现，突出了数学学习过程中思维培养的重要性，以上题目的变式设置，较好地体现了新课程理念。

从考查的知识点和数学思想方法看，由"例题"变换而来的以上题目从不同程度依次展开，使学生通过变式训练，开阔视野，增强了求知欲，认识了问题的本质，题目涉及初中数学的主要内容，如二次函数、方程、相似三角形、正方形和三角形的有关知识，以点带面，加强不同知识点的纵、横联系，同时也渗透了很多数学思想方法，具有较好的训练效果。

从教学的设计意图上看，对于这道经典的几何习题，笔者认为在教学中不能就题论题，应认真挖掘题目中丰富的内涵，不断变换不同的条件和结论，引导学生围绕原题进行多元的变式思考与探索，这样可以节省学生的审题时间，减轻学生的学习负担，不但课堂深深吸引了学生，提高了学生的学习兴趣和数学素养，还提高了教学课堂容量和教学效果。

从教师课前的准备工作上看，这样较为深刻的变式教学对老师提出了更高的要求，教师在上课之前要做好充分的思考与准备。对于这道经典几何习题来说，如果教师没有进行深入思考，那就很难挖掘此题如此丰富的内涵与相关的结论，很难体会到此题的奇妙与精彩。如果学生没有进行深刻地研究，那就很难真正掌握问题的本质，这就需要教师在课前做好问题的精心预设和宝贵教学资源的积累（如近几年命题热点），才能在课堂中成为一名真正的组织者和引导者。

总之，变式教学是一种行之有效的教学方式，在习题教学中，我们广大的数学教师要有效地利用典型题进行引申拓展，推陈出新，点燃学生思维的火花，使学生的探究能力和创造能力得到发展。通过变式训练，培养学生的创造意识，归纳出同一类问题的解题思维形成过程和方法的采用。让学生针对不同条件的情况作出正确的分析，使学生不断地完善知识结构，形成举一反三、触类旁通的能力，这样才能在课堂中实现有效教学。

中考数学综合解答题解题
教学的实践与思考

中考数学综合解答题的特点是知识点多、覆盖面广、关系复杂、条件隐蔽，问题的解决往往需要灵活运用分析、联想、变换、转化、类比、探索、综合、归纳等多种数学思想方法，要求考生具有一定的创新意识和创造能力，具有检测学业水平和选拔优秀学生的双重功能，其命题内容对培养学生的能力和素养具有风向标作用。对于中考的把关题和压轴题，虽然师生在平时的教学和学习中花费了大量的时间和精力，但在中考中得分率一直很低。如何对中考数学综合解答题进行有效教学也成了我们初中数学老师面前的一道难题，怎样更好地提高综合题的复习效果？在此，本文将结合教学实践，谈谈中考综合解答题的解题教学实践与思考。

1 审题策略——认真审题，挖掘条件

对于题目要认真审题，审题是解题的开始，也是解题的基础，中考数学综合解答题从题设到结论，从题型到内容，条件隐蔽，变化多样。因此，就决定了审题思考的复杂性和解题设计的多样性，在审题思考中，我们要认真分析题目中的每一个条件和结论，对于典型的条件和结论，我们可以做适当的标记，了解这个题目有哪些已知的条件

和隐含条件，要求的是什么。标记的目的是为了防止解答过程中漏掉条件，同时对于题目中出现的重要条件，要跟后面的结论联系起来，也要善于把学过的知识联系起来。审题时要仔细分析和挖掘题目中隐含的条件，再结合已知条件，做出合理的推测。从条件出发，确定解题手段，从结论分析，确定解题方向。只要我们确定了解题方向和解题手段，后续的解题过程就会顺畅很多，所以审题的过程我们一定要小心细致。

2 建模策略——拆分图形，构造图形

中考数学综合解答题之所以难，很大一部分原因是因为题目给出的图形一般都比较复杂，让学生有一种眼花缭乱、无从下手的感觉。任何复杂的图形都由若干的基本图形组成，解决的方法都是依赖于对基本图形的解读。在解答时需要排除图形干扰，从中找出熟悉的基本图形，再对基本图形进行拆解和单独分析。或添加辅助线，构造模型，从而起到化繁为简、化生为熟的作用。

例 1 （2020 年广东省中考）如图 6 - 10，点 B 是反比例函数 $y = \dfrac{8}{x}$ （$x > 0$）图象上一点，过点 B 分别向坐标轴作垂线，垂足为 A、C。反比例函数 $y = \dfrac{k}{x}$ （$x > 0$）的图象经过 OB 的中点 M，与 AB，BC 分别相交于点 D，E，连接 DE 并延长交 x 轴于点 F，点 G 与点 O 关于点 C 对称，连接 BF，BG。

（1）填空：$k = $ _____。

（2）求△BDF 的面积。

（3）求证：四边形 $BDFG$ 为平行四边形。

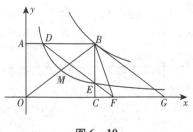

图 6 – 10

分析：本题解决方法灵活多样，若采用代数的方法，则在计算含参数的坐标、长度时可设而不求，考查了学生的符号意识；若采用几何的方法，则需从复杂的背景中，添加辅助线，连接 OD，根据隐含的同底等高等面积模型，把 $S_{\triangle BDF}$ 转化成 $S_{\triangle BDO}$，$S_{\triangle BDF} = S_{\triangle BDO} = S_{\triangle BAO} - S_{\triangle DAO} = \dfrac{1}{2}$

$S_{矩形ABCO} = \dfrac{k}{2} = 4 - 1 = 3$，要求证四边形 $BDFG$ 为平行四边形，因为 $BD /\!/$ FG，关键证明 $BD = FG$；因为 G 是 O 的对称点，所以 $OC = CG = AB$，因此问题转化为求 CF 的长度，利用常见的 A 字型相似，根据 $\triangle DEB \backsim$ $\triangle FEC$ 表示出 CF 的长度，从而根据一组对边平行且相等的四边形证明四边形 $BDFG$ 为平行四边形，本题考查了学生的模型意识，是一道知识非常丰富、方法非常灵活的综合题。本题学生若能结合三角形、矩形在反比例函数中 k 的几何意义，添加辅助线，拆分或构造 8 字型、A 字型、同底等高等面积模型，则能在解题过程中顺利找到解决问题的方向和突破口。（模型如图 6 – 11 所示）

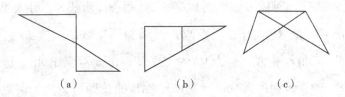

（a）　　　　　　　（b）　　　　　　　（c）

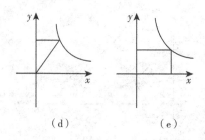

（d）　　　　　　　　（e）

图 6－11

例 2　（2019 年广西贵港中考）如图 6－12，在矩形 *ABCD* 中，以 *BC* 边为直径作半圆 *0*，*OE* ⊥ *OA* 交 *CD* 边于点 *E*，对角线 *AC* 与半圆 *O* 的另一个交点为 *P*，连接 *AE*。

（1）求证：*AE* 是半圆 *O* 的切线。

（2）若 *PA* ＝ 2，*PC* ＝ 4，求 *AE* 的长。

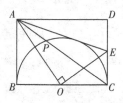

图 6－12

分析：作辅助线，过 *O* 作 *OF* ⊥ *AE* 于 *F*，四边形 *ABCD* 是矩形，*OE* ⊥ *OA*，利用"一线三等角相似模型"，可证 △*ABO* ∽ △*OCE*，可以得到：$\dfrac{AB}{OC} = \dfrac{AO}{OE}$，因为 *OB* ＝ *OC*，即 $\dfrac{AB}{OB} = \dfrac{AO}{OE}$，进而得 △*ABO* ∽ △*AOE*，利用角平分线的性质，可证明得 *OF* ＝ *OB*。第（2）题条件隐蔽，不好入手，不妨从已知出发，把 *AP* 与 *PC* 联系起来，添加辅助线，连接 *BP*，构造了"字母型"三角形相似，有 △*ABP* ∽ △*ACB*，由此可求出 *AB*，进而求出 *BC*、*BO*、*AO*，再利用 △*ABO* ∽ △*AOE*，*AE* 的长即可解决。可见，问题的关键依然是挖掘隐含的相似三角形 △*ABP* ∽ △*ACB*。从几何模型的层面

看，考查了不同的几何模型，这些熟悉的模型能帮助本题找到解题关键的突破口。（模型如图 6 – 13 所示）

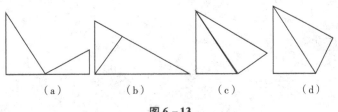

（a）　　　　（b）　　　　（c）　　　　（d）

图 6 – 13

在平时的综合复习中，教师要引导学生树立数学模型思想，要引导学生提高识图能力，注重几何直观，重视基本图形的总结提炼，突出几何变换，体现数学模型。建立数学模型也是"化归"思想的体现，把抽象的图形转化成具体的图形，把复杂的图形转化成简单的图形，把陌生的图形转化成熟悉的图形，从而更加容易找到解题的思路。

3　讲评策略——展示分享，优化反思

《义务教育数学课程标准（2022 年版）》提出了"人人学有价值的数学"的理念，就是强调数学学习的内容应当是现实的、有意义的、富有挑战性的。在课堂教学中，每一个典型的数学综合题在题目的设计中都会蕴含多种数学思想方法和解题方法，教师可以鼓励让学生采用一题多解的办法思考问题，学生在解题过程中可以以自己擅长的方式构思或寻找解决问题的方法。通过这样的自我展示，有利于学生能力的主动发挥和创造力的充分挖掘，培养学生的学习兴趣和自信心，对提高学生解决综合题的能力有很大的帮助。

例如，例 1 第（3）小题学生展示的证明方法。

证法一:

设 $B\left(m,\dfrac{8}{m}\right)$, 则 C (m, 0), G ($2m$, 0), $D\left(\dfrac{m}{4},\dfrac{8}{m}\right)$, E

$\left(m,\dfrac{2}{m}\right)$.

$\therefore DB = m - \dfrac{m}{4} = \dfrac{3m}{4}$.

如图 3, 过点 D 作 $DH \perp OG$ 于点 H. 易得 $\triangle DHF \backsim \triangle EBD$,

$\therefore \dfrac{DH}{EB} = \dfrac{HF}{BD}$,

$\therefore HF = \dfrac{DH \cdot DB}{EB} = \dfrac{\dfrac{8}{m} \times \dfrac{3m}{4}}{\dfrac{8}{m} - \dfrac{2}{m}} = m.$

$\because FG = OG - OH - FH = 2m - \dfrac{m}{4} - m = \dfrac{3m}{4}$,

$\therefore FG = DB$, $\because FG /\!/ DB$,

$\therefore$ 四边形 $BDFG$ 为平行四边形.

证法二:

如图 6 – 14, 连接 OE, 由题意得 $S_{\triangle OEC} = \dfrac{1}{2}OC \cdot CE = 1$, $S_{\triangle OBC} = \dfrac{1}{2}$

$OC \cdot CB = 4$,

$\therefore \dfrac{CE}{CB} = \dfrac{1}{4}$, 即 $CE = \dfrac{1}{3}BE$,

$\because \angle DEB = \angle CEF$, $\angle DBE = \angle FCE$,

$\therefore \triangle DEB \backsim \triangle FEC$,

$\therefore CF = \dfrac{1}{3}BD$,

$\because OC = GC$, $AB = OC$,

$$\therefore FG = AB - CF = \frac{4}{3}BD - \frac{1}{3}BD = BD,$$

$$\because AB \mathbin{/\mkern-5mu/} OG, \quad \therefore BD \mathbin{/\mkern-5mu/} FG,$$

∴ 四边形 $BDFG$ 为平行四边形。

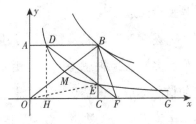

图 6-14

证法三：

$$\because 点 E 在 y = \frac{2}{x} 上,$$

$$\therefore OC \cdot EC = 2,$$

$$\because OC = AB = 4a,$$

$$\therefore EC = \frac{1}{2a},$$

$$\therefore BE = BC - EC = \frac{2}{a} - \frac{1}{2a} = \frac{3}{2a},$$

$$\because BD \mathbin{/\mkern-5mu/} CF,$$

$$\therefore \triangle DEB \backsim \triangle FEC,$$

$$\therefore \frac{BD}{CF} = \frac{BE}{EC},$$

$$\therefore \frac{3a}{CF} = \frac{\frac{3}{2a}}{\frac{1}{2a}},$$

$$\therefore CF = a.$$

∵ G 是 O 的对称点，

$\therefore CG = OC = 4a$,

$\therefore FG = CG - CF = 4a - a = 3a$,

$\therefore BD = FG$,

又 $\because BD /\!/ FG$,

$\therefore$ 四边形 $BDFG$ 是平行四边形。

分析：通过以上"一题多解"的教学，有利于引导学生沿着不同的途径，多角度、多方位、多层次地去思考问题，由此可以产生多种解题思路。教师尊重学生的情感体验，营造民主、和谐、平等的课堂氛围和师生关系。这样能使学生思维活跃，敢想、敢说、敢问，乐于发表意见，大胆质疑，勇于探索。在这样的和谐宽松的氛围下教学，能唤起学生的主体意识和求知欲，发挥学生的主体作用。还要让学生总结题目考查了哪些知识点，每个知识点是从哪个角度考查的，题目考查了哪些数学思想方法，本题有哪几种解题方法，最佳解法是什么。使学生在学习过程中不断体验进步与成功，认识自我，对综合解答题建立自信。

4 得分策略——分题得分，分段得分

对中考数学综合解答题，很多学生是惧怕的，也是从内心就抗拒的，以为它一定很难，甚至看都不看就直接放弃。其实，对历年综合解答题进行分析就会发现，虽然综合解答题的整体难度较大，有的学生无法解出最终答案，但并不意味着会得零分。压轴题命题的主要特点是"低起点、坡度缓、尾巴翘"，但第一问往往考查的是基础知识，第二问也相当于我们的中档题的难度水平，只有第三问才会给我们设置比较多的障碍。因此，对于综合解答题，如果学生能够找到得分点，运用自己会的知识，就可以得到一部分的分数。

分题得分：我们每个同学要敢于动笔，要把第一问的分数一定拿到，第二问的分数要力争拿到，第三问的分数则能拿 1 分是 1 分，这样就大

大提高了获得中考数学高分的可能性。

分段得分：一道中考压轴题做不出来，不等于一点不懂，要将片段的思路转化为得分点，因此，要强调分段得分，分段得分的根据是"分段评分"，中考的评分是按照题目所考察的知识点分段评分。

在大力提倡核心素养的今天，我们要加大对中考数学试题的研究，更好地理解中考数学试题对落实学生核心素养的导向作用，要切实将学生核心素养的养成落实到综合复习教学之中。综合解答题复习教学要立足课本，追本溯源，深度挖掘。帮助学生树立信心，帮助学生掌握扎实的基础知识和熟练的基本技能，并引导学生掌握必要解题策略，才能更好的提高数学综合解答题的复习效果。

整体思想在有理数运算中的运用

章建跃曾说过：运算是数学的童子功。数学运算是数学学科的核心素养之一，是学生必备的一项重要技能，贯穿了整个数学学习过程。整体思想在有理数运算中的运用是一条好途径。

1　教学课例

1.1　教学内容

有理数运算中整体思想的运用。

1.2　教学分析

数学运算是数学学科的核心素养之一，是数学活动的基本形式，是学生必备的一项基本技能，是贯穿整个数学学习的基本链条，也是得到数学教学结果的重要手段。在有理数运算中应该强化运用"整体思想"解题，在学习运算法则时也应该利用"整体思想"帮助学生加深对运算法则的认识，要善于观察问题的结构特点，将推理与计算相结合，灵活选用算法和技巧，提高计算的速度。

1.3　教学过程

环节一：知识回顾

前面我们在学习了有理数的加法法则、有理数减法法则、乘法分配律的基础上总结了有理数加减法运算和有理数乘除法运算中的分配律运算的技巧。除了前面的技巧外，有理数混合运算还有那些技巧呢？

（1）有理数的加法法则：同号相加，取相同的符号，把绝对值相加；异号相加，取绝对值较大的加数的符号，并用较大的绝对值减去较小的绝对值。

（2）有理数减法法则：减去一个数，等于加上这个数的相反数。

（3）乘法分配律：一个数同两个数的和相乘，等于把这个数分别同这两个数相乘，再把积相加。

设计意图： 本节课从学生的最近发展区入手，知识回顾，引入新知。

环节二：重点讲解

例1 计算：$1+3+5+7+\cdots+197+199$

解：用字母 S 表示所求算式，即 $S = 1+3+5+\cdots+197+199$. ①

将 S 各项倒过来写，即 $S = 199+197+195+\cdots+3+1$. ②

将①②两式左右分别相加，得

$$2S = （1+199）+（3+197）+\cdots+（197+3）+（199+1）$$
$$= 200+200+\cdots+200+200$$
$$= 200 \times 100$$
$$= 20000.$$

$S = 10000.$

分析：可以用字母表示两个式子，把其中一个的顺序倒过来写，再用"头尾整体相加"的方法简化运算。

精讲说明： 对于这道题，一个接一个相加计算，可以吗？显然可以，但计算时间比较长，有没有更好的方法呢？从式子观察发现：在算式中，从第二项开始，后项减前项的差都等于2。其次，算式中首末两项之和与距首末两项等距离的两项之和都等于200，如果把式子倒过来写，与原来式子相加，就可以对应凑出很多个200方便计算。这种求和问题可以采用"整体相加法"的方法进行计算，可以用字母表示两个式子，把其中一个的顺序倒过来写,再用"头尾整体相加"的方法简化运算。用字母 S 表示所求算式,即 $S = 1 + 3 + 5 + \cdots + 197 + 199$①,再将 S 各项倒过来写为 $S = 199 + 197 + 195 + \cdots + 3 + 1$②,将①②两式左右分别相加,发现:$1 + 199 = 200$,$3 + 197 = 200$,$2S = (1 + 199) + (3 + 197) + \cdots + (197 + 3) + (199 + 1)$,100 个 200 得到 2000。这里左右两边还要除以 2,得到 $S = 10000$。总结:一般地,一列数,如果从第二项开始,后项减前项的差都相等,那么,这列数的求和问题,都可以采用"头尾整体相加"的方法解决。

例 2 计算:$1 + 2 + 2^2 + 2^3 + \cdots + 2^{1998}$

分析:可以字母表示式子,再把式子乘以 2 倍,再利用"错位整体相减"的方法简化运算。

解:用字母 S 表示所求算式,即 $S = 1 + 2 + 2^2 + 2^3 + \cdots + 2^{1998}$. ①

将①左右两边乘以 2,得 $2S = 2 + 2^2 + 2^3 + \cdots + 2^{1998} + 2^{1999}$. ②

将② - ①,得 $S = (2 + 2^2 + 2^3 + \cdots + 2^{1998} + 2^{1999}) - (1 + 2 + 2^2 + 2^3 + \cdots + 2^{1998}) = 2^{1999} - 1$.

总结:整体加减法是用字母表示式子,头尾相加或乘以整数倍,利用"整体相加减"的方法解决,达到简便计算的目的。

精讲说明: 下面我们一起来看 $1 + 2 + 2^2 + 2^3 + \cdots + 2^{1998}$,该如何巧妙计算呢?从式子观察发现:在算式中,从第二项开始,后项是前项的 2 倍;如果把式子乘以 2,与原来式子相比,就会发现两个式子具有错位对应相等的特征,这种求和问题可以采用"错位整体相减"的方法进行计算,本题可以先用字母表示式子,我们用字母 S 表示所求算式,即 $S = 1 + 2 + 2^2 + 2^3 + \cdots + 2^{1998}$①,将①左右两边乘以 2,得 $2S = 2 + 2^2 + 2^3 + \cdots + 2^{1998} + 2^{1999}$②,将② - ①,得,利用"错位整体相减"的计算,$S = 2^{1999} - 1$,总结:一般地,一列数,如果从第二项开始,后项与前项的商都相等,那么,这列数的求和问题,都可以采用"错位整体相减"的方法解决。我们把解决以上两道计算题的这种方法叫做整体加减法，整体加减法是用字母表示式子，头尾相加或乘以整数倍，利用"整体相加减"的方法解决，达到简便计算的目的。

环节三：难点突破

请填空：

（1）$2^6 = 2^4 \times$

（2）$2^6 = 2^5 \times$

（3）$2^6 - 2^5 = 2^5 \times \qquad - 2^5 \times \qquad = 2^5 \times$

精讲说明： 复习一下前面学习过的乘方，2^6 表示的是 6 个 2 相乘。2^6 里边有了 4 个 2 相乘，还剩 2 个 2 相乘，2^6 里边有了 5 个 2 相乘，还剩 1 个 2，$2^6 - 2^5$ 利用了乘法分配律的逆运算提取了 2^5 还有 $2-1$，最后得到 2^5。

例3 计算：$2^{10} - 2^9 - 2^8 - 2^7 - 2^6 - 2^5 - 2^4 - 2^3 - 2^2 + 2$

解：原式 $= 2^9 \times（2-1）- 2^8 - 2^7 - 2^6 - 2^5 - 2^4 - 2^3 - 2^2 + 2$

$\qquad = 2^9 - 2^8 - 2^7 - 2^6 - 2^5 - 2^4 - 2^3 - 2^2 + 2$

$\qquad = 2^9 \times（2-1）- 2^8 - 2^7 - 2^6 - 2^5 - 2^4 - 2^3 - 2^2 + 2$

$\qquad = 2^8 \times（2-1）- 2^7 - 2^6 - 2^5 - 2^4 - 2^3 - 2^2 + 2$

$\qquad = \cdots$

$\qquad = 2^2 \times（2-1）+ 2$

$\qquad = 6.$

总结：观察并逐次提取公因数后进行化简计算。

精讲说明： 从上面的填空题，我们可以得到启发，2^{10} 等于 2^9 乘 2^1，所以，如果我们对 $2^{10} - 2^9$，利用乘法分配律的逆运算提取 2^9，就会剩下 $2-1$，最后还是得到 2^9，接着，我们再类比这种方法逐次提取公因数后进行化简，计算得到结果等于 6。我们把这种提取公因数的方法叫做提取因数法，这种方法要观察并逐次提取公因数后进行化简计算。

环节四：归纳总结

有理数混和运算技巧常见的类型有哪些。

精讲说明： 在本节课，我们学习并懂得了运用整体加减法和提取因数法进行巧妙运算，整体加减法是用字母表示式子，头尾相加或乘以整数倍，利用"整体相加减"进行计算。提取因数法：提取各项中相同的因数从而简化运算。

2 教学思考

整体思想就是从问题的整体特性出发，发现问题的整体结构特征，突出对问题整体结构的观察、分析和变形改造，善于用"整体"的眼光看问题，把某些数字结构看成一个整体，把握它们之间的关联，从整体结构上把握运算形式，进行有目的、有意识的整体处理。

第 7 章

在教学生涯中，"自然、生动、深刻"的数学课堂教学是我们一直的追求。在教学中，要遵循学生的认知规律，充分调动学生的积极性，语言要通俗易懂，深入浅出。引领学生经历一个自然、动态的过程，进行积极主动有深度的理解，把握数学知识的本质和思想方法，发展学生数学核心素养。

教学风格

"玩"出数学的本质

——从《三角形的中线》的课堂教学谈起

《义务教育数学课程标准（2022 年版）》指出："教学活动应注重启发式，激发学生学习兴趣，引发学生积极思考。"枯燥乏味的数学内容往往不能激发学生的学习兴趣，学生缺乏积极性和主动性，从而难以理解课堂中核心内容和数学本质。那学生怎样在课堂里快乐、轻松地学，怎样学得更好呢？对于天性爱玩的学生来说，在课堂中"玩"中学不失为一种有效的方法。课堂教学中的"玩"与"学"并不对立，它们相互融合不仅能给学生带来获取数学知识的快乐，还能充分激发学生参与数学学习的兴趣，更好地理解数学本质，提高数学课堂教学的质量。在此，本章试图通过《三角形的中线》的课堂教学，谈谈在课堂教学中怎样"玩"出数学的本质。

1 逸闻趣事——预设激趣，"玩"中思寻数学的本质

创设良好的情境，能激发学生的学习热情。而源于生活的逸闻趣事，可以把学生置于日常生活当中，做到数学生活化。学生看到、听到、想到的情境都是平时熟悉的事物，能更快地调动学生的积极性，活跃思维，很快进入学习的状态。加之教师形象生动的语言、恰当的姿势和手势，

巧妙地设置一些悬念，设计一些思考性较强的问题，这样更能激发学生的求知欲望，在"玩"中思寻数学的本质。

逸闻趣事：一则老人分财产、分土地的故事，玩一玩，猜一猜。

一位饱经苍桑的老人，经过一辈子的辛勤劳动，到晚年的时候，终于拥有了一块三角形的土地，由于年迈体弱，他决定把这块土地平均分给他的六个孩子，他是这样分的（如图 7-1，D、E、F 为 BC、AC、AB 的中点，S_1、S_2、S_3、S_4、S_5、S_6 表示老大、老二、老三、老四、老五、老六的土地面积）。当六个孩子看到时，争论不休，都认为自己的地少。同学们，你认为老人这样分合理吗？为什么？

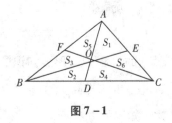

图 7-1

师：同学们，你猜一猜老人这样分合理吗？

学生格外兴奋，跃跃欲试。

生 1：（把手高高的举起）我认为不合理，因为四块地形状不一样，四块地面积也不一样。

生 2：我认为合理，老大和老六的面积一样，老二和老四的面积一样，老三和老五的面积一样。

生 3：我反对，这不能认为六块地面积一样啊。

面积一样吗？为什么呢？学生七嘴八舌争论起来，在猜玩中满脸笑容，但他们的眼神充满困惑。

师：大家遇到困难了吗？大家想不想学？

生：想。（大家迫不及待地大声回答）

师：为了解决这个问题，今天我们来学习新的内容。

设计意图：面对新疑惑，学生这时处于一种复杂的心理状态，一方面学生非常想解决这个问题，很想说出为什么，另一方面又无法立即解决，因为认知水平不够。这种心理不平衡性激发了学生思寻问题的兴趣和热情，从而产生了强烈的求知欲，在大家的猜玩中，有利于新内容中数学本质的理解。

2 并肩作战——组内合作，"玩"中探究数学的本质

在初中数学课堂教学过程中，教师可从具体的教学内容出发，结合学生的实际积极创设简单、生动有趣的"玩"的情境，以学生已有知识经验为起点，在小组内合作"玩"的过程中，引导学生探究数学的本质及解决问题的方案，使学生由被动地听讲变为主动地学习，充分调动学生的各种感官参与到"玩"的过程中，形成知识的表象，使学生分析问题、解决问题的能力得到进一步的提高。这样学生不仅理解掌握了数学知识，而且掌握了探究数学知识的方法。

游戏名称：并肩作战。

游戏内容：

（1）三角形的中线的定义是什么？

（2）如图 7-2，D 为的中点，S_1、S_2 的面积有什么关系？请说出理由。

（3）把一块三角形分成面积相等的 4 部分，你有几种分法？

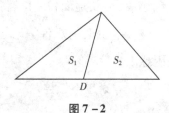

图 7-2

游戏要求：

（1）让学生阅读教材，自己独立思考。（4分钟）

（2）学生进行小组合作讨论交流。（4分钟）

（3）各小组的讨论成果用小卡展示。（5分钟）

胜负规则：分法最多的小组获胜。

师：5－4－3－2－1.（时间到，老师发出结束口令）

师：同学们，三角形的中线的定义是什么？

生1：三角形的中线是连接△ABC的顶点A和它所对的边BC的中点D，所得线段AD叫做△ABC的边BC上的中线。

师：如图7－2，D为BC的中点，S_1、S_2的面积有什么关系？

生2：面积相等，因为等底同高等面积。

师：你能在黑板上做图示解释吗？

生：能。（同学很自信，快速在黑板作了解释，学生鼓掌）

师：对于第（3）题哪些小组来展示你们的成果，看哪个小组的分法最多。（小组长踊跃举手示意）

师：很好，学习就需要这种精神。（师激励学生）现选举手的第1、2、3、4小组进行展示，其他同学记录与你们小组不同的方法。（被选小组代表迅速投影展示）

组1：把一块三角形分成面积相等的4部分，我们的分法有3种（如图7－3所示）。

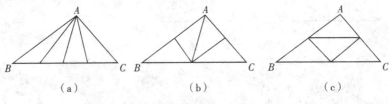

图7－3

师：还有其它分法吗？

组 3：我们的分法有 6 种，包含上面 3 种（如图 7 - 4 所示）。（第 3 小组有些迫不及待了）

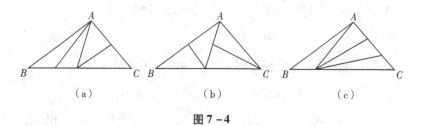

（a）　　　　　（b）　　　　　（c）

图 7 - 4

师：还有其它分法吗？

组 4：我们的分法有 9 种，包含上面 6 种（如图 7 - 5 所示）。（第 4 小组信心满满地发言展示）

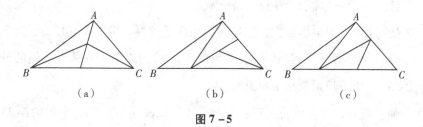

（a）　　　　　（b）　　　　　（c）

图 7 - 5

组 2：我们的分法有 12 种，包含上面 9 种（如图 7 - 6 所示）。（第 2 小组不甘示弱地讲起来）

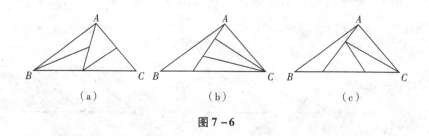

（a）　　　　　（b）　　　　　（c）

图 7 - 6

同学们兴奋起来，小组同学有这么多种分法，真不可思议，给他们送上了热烈的掌声。

师：同学们太棒了，大家并肩作战，小组合作讨论，能玩出这么多分法，真是精彩绝伦。大家思维非常开阔，你们真棒。我们应该从更深层次去挖掘，变换不同的角度去思考，才能使思考更完善，平时应养成这种好习惯。

师：哪个小组的分法最多？

生：第2小组。

师：第2小组方法最多，本轮游戏第2小组获胜。大家课后还可继续思考，还有很多分法。

设计意图：通过小组合作的游戏形式，教师在教学中通过引导学生进行各种妙趣横生的探索，不但可以激发学生的学习兴趣，而且能使学生的思维纵横驰骋，创造力得到充分的发挥。为了抓住图形的本质特点，教师可多设计一些这样的练习，帮助学生透过现象抓住本质。

3　华山论剑——组间竞赛，"玩"中释疑数学的本质

学生在获取数学知识的过程中，对不理解的问题往往伴有"我要学会""我要弄懂"的欲望，具体的疑难之处，时常会给学生带来一种说不出的困惑，使学生产生一种似懂非懂的感觉。这时教师可顺应孩子的天性，创设具体的学习情境，给学生提供"玩"的机会，使学生的疑难问题暴露在"玩"的过程之中。学生之间可以相互释疑解难，消除彼此间的学习疑惑，弥补自己知识的不足，从而找到解决知识难点的突破口，在"玩"中释疑数学的本质。

师：同学们，你们还敢挑战更有难度的题吗？

生：没问题，欢迎继续出题。（学生很自信）

师：好，换个游戏。

游戏名称：华山论剑。

游戏内容：

（1）如图 7 – 7，D，E 为 BC，AC 的中点，哪些三角形面积相等？请说出理由。

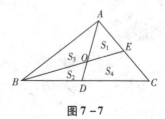

图 7 – 7

（2）如图 7 – 8，上课前提到的老人分财产、分土地的故事中，六兄弟的土地面积一样吗？请说出理由。

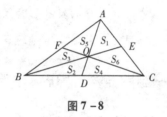

图 7 – 8

游戏要求：

（1）自己独立思考。（2 分钟）

（2）学生进行小组合作讨论交流。（3 分钟）

（3）各小组的抢答成果展示。（4 分钟）

胜负规则：完成后抢答最快最准确的小组获胜。

师：5 – 4 – 3 – 2 – 1.（时间到，老师发出结束口令）

师：哪个小组来回答上面的问题？

组 1：△ABD、△ACD、△ABE、△BCE 面积相等。（第 1 小组迅速举手抢答）

组 3：我要补充，还有 $S_1 = S_2$，$S_3 = S_4$. 因为 $S_{\triangle ABD} - S_3 = S_{\triangle ABE} - S_3$，以此类推。

师：老人分财产、分土地的故事中，六兄弟的土地面积一样吗？

组3：一样，根据上面的结论可知 $S_{\triangle ABD} = S_{\triangle ACD} = S_{\triangle ABE} = S_{\triangle BCE} = S_{\triangle ACF} = S_{\triangle BCF}$，所以 $S_1 = S_2 = S_3 = S_4 = S_5 = S_6$。（还是被第3小组抢到了）

师：第3小组速度最快，而且准确无误，本轮游戏第3小组获胜。

设计意图：通过小组竞赛的游戏形式，学生始终保持着学习的兴奋状态，围绕题目进行多角度、多方向、多层次的变式思考与探索，加强不同知识点的纵、横联系。这样既可以节省学生的审题时间，提高教学课堂容量，也可以更大程度地提高学生思维的深刻性，有利于学生更扎实地掌握知识结论。

4　过关斩将——一题多变，"玩"中深化数学的本质

《义务教育数学课程标准（2022年版）》明确指出："学生掌握数学知识，不能依赖死记硬背，而应以理解为基础，并在知识的应用中不断巩固和深化。"在数学课堂教学中，可借助游戏向学生传递知识和方法，借助游戏将数学知识拓展与深化，可以让枯燥无味的数学知识，变得好玩有趣。巩固练习时，多数是以做习题为主要手段来达到提高的目的，这种方式很容易引起学生的厌倦心理，往往达不到课堂教学的预期效果。新知探究后的巩固练习，应抓住学生的心理特点，适时创设游戏活动的情境，将数学知识融于整个游戏活动中，使游戏活动成为数学知识强化与拓展的平台。

游戏名称：过关斩将。

游戏内容：在如图7-9至图7-11中，$\triangle ABC$ 的面积为 a。

（1）如图7-9，延长 $\triangle ABC$ 的边 BC 到点 D，使 $CD = BC$，连结 DA。若 $\triangle ACD$ 的面积为 S_1，则 $S_1 =$ _____（用含 a 的代数式表示）．

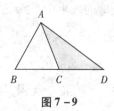

图 7 - 9

（2）如图 7 - 10，延长 △ABC 的边 BC 到点 D，延长边 CA 到点 E，使 CD = BC，AE = CA，连结 DE. 若 △DEC 的面积为 S_2，则 S_2 = _____（用含 a 的代数式表示），并写出理由。

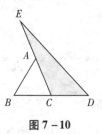

图 7 - 10

（3）在图 7 - 10 的基础上延长 AB 到点 F，使 BF = AB，连结 FD，FE，得到 △DEF（如图 7 - 11）。若阴影部分的面积为 S_3，则 S_3 = _____（用含 a 的代数式表示）.

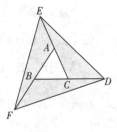

图 7 - 11

（4）像上面那样，将 △ABC 各边均顺次延长一倍，连结所得端点，得到 △DEF（如图 7 - 11），此时，我们称 △ABC 向外扩展了一次．可以发现，扩展一次后得到的 △DEF 的面积是原来 △ABC 面积的 _____倍。

（5）去年在面积为 10m^2 的 $\triangle ABC$ 空地上栽种了某种花卉．今年准备扩大种植规模，把 $\triangle ABC$ 向外进行两次扩展，第一次由 $\triangle ABC$ 扩展成 $\triangle DEF$，第二次由 $\triangle DEF$ 扩展成 $\triangle MGH$（如图 7–12）。求这两次扩展的区域（即阴影部分）面积共为多少 m^2？

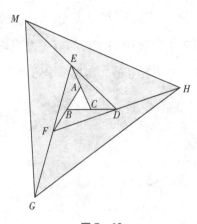

图 7–12

游戏要求：

（1）自己独立思考。（3 分钟）

（2）学生进行小组合作讨论交流。（3 分钟）

（3）各小组回答正确才可继续作答。（5 分钟）

胜负规则：准确回答问题最多的小组获胜。

设计意图：通过过关斩将的游戏形式，调动学生学习的积极性和主动性，激发学生的求知欲。在"一题多变"的教学中，从不同角度组织感性材料，不断地变换事物的非本质属性，从而突出本质属性，并使有关的本质属性相互"联结"，形成"主心骨"，在"玩"中深化数学的本质，让学生领略"万变不离其宗"的奥妙。

总之，玩是一门艺术。"玩"让孩子们分散了学习的难点，分解了学习的压力；"玩"让他们自由创想，从作业堆中走出来，在自主、愉

悦的氛围中学习有意义、有价值的知识。创设问题情境，让学生的兴致
"高"起来；挖掘知识因素，让学生的感官"动"起来；开放想象空间，
让学生的思维"飞"起来。对学生进行真正意义上的减负增效，还他们
一个自由快乐的求知殿堂！教师只有认真研究不同级学生的心理特点和
认知规律，结合不同的教学内容，发掘生活中的数学资源，因时因地制
宜地开展"玩"式教学，不断思考，大胆创新，在教学中把握点拨的时
机，才能使学生真正在"玩"中用灵巧的双手发现学习的乐趣、用敏锐
的眼睛捕捉学习的方法、用智慧的大脑思考学习的真谛。

促进自然生成，构建有效课堂

理想的课堂教学是一个自然的动态生成的过程，带给我们勃勃的生机和活力。"自然生成"是新课标中的新理念，提倡教学要注重学生通过动手实践、自主探索与合作交流获得知识的过程，也要关注学生思维和情感的发展及其创新能力的培养，提倡教师与学生在互学互动中不断生成和创造新的情景和问题，焕发着学习的智慧和生命的活力。因此，教师要对自然生成的课堂教学做深入的思考，以促进学生多方面发展，有效达成教学目标，激发课堂生命活力。

《义务教育数学课程标准（2022 年版）》中指出，学生的数学学习活动不应局限于接受、记忆、模仿和练习，数学课堂应倡导自主探索、动手实践、合作交流、阅读自学等学习方式，力求通过各种不同形式的学习活动，让学生体验数学发现和创造的历程，发展他们的创新意识。数学新课程的教育目标不仅仅局限于发展学生的认知能力，而更应关注学生的个性和创造力的发展。在初中数学教学中，如何实现自然、动态、有效的"生成"呢？如何落实新课程理念下的教学目标？本文试图通过课堂实例进行深入思考，现将有效数学课堂教学自然生成的几个方面归纳如下。

1 自然生成于教师精心预设之中

由于受教材篇幅和结构体系的制约，有些数学教学内容往往省略了发生和发展过程。这样，学生学到的只是死的结论，为此，教师课前要进行精心预设，我们反对的是以教师教为本位的过度预设，我们需要的是以学生学为重心的精心预设，这种预设要遵循学生的认识规律，体现学生的学习特点，反映学生从旧知到新知、从已知到未知、从经验到理论的有意义的学习过程，只有在备课时精心预设，激发学生的学习兴趣，精心设计每一个问题和多种应对策略，对学生在课堂教学中可能出现的情况做到心中有数，才能促进课堂教学中的自然生成。

案例1：为了引出平方差公式，我创设情景如下。

师：大家小学学过口算吗？

生：学过。（异口同声）

师：那么我就来看看大家的口算水平如何，请看多媒体大屏幕：口算，比一比谁最快，$2 \times 16 = ?$ $20 \times 30 = ?$ $4 \times 25 = ?$ $8 \times 125 = ?$ $15 \times 15 = ?$ $51 \times 49 = ?$ $102 \times 98 = ?$

学生格外兴奋，跃跃欲试，

生：32，600，100，1000，225，?

前面五道题不到 5 秒钟就解决了，但后面两道题抢答的速度突然慢了下来，而且学生的眼神充满困惑。

师：大家遇到困难了吗？大家想不想学？

生：想。（大家迫不及待地大声回答）

师：为了解决这个问题，今天我们来学习乘法公式中的平方差公式。

设计意图：通过抢答，激发学生的兴趣和学习热情，同时也引发了学生的好奇心和求知欲。

案例2：为了巩固全等三角形和等边三角形的有关知识，我层层深入，梯度递进进行精心预设。

预设（1）如图7-13，点 C 为线段 AB 上一点，$\triangle ACM$ 与 $\triangle CBN$ 都是等边三角形，线段 AN 与线段 BM 是否相等？证明你的结论。

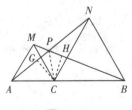

图 7-13

预设（2）如图7-14，点 C 为线段 AB 上一点，$\triangle ACM$ 与 $\triangle CBN$ 都是等边三角形，AN 与 MC 交于点 E，BM 与 CN 交于点 F，探究 $\triangle CEF$ 的形状，并证明你的结论。

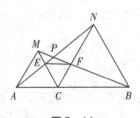

图 7-14

预设（3）如图7-14，点 C 为线段 AB 上一点，$\triangle ACM$ 与 $\triangle CBN$ 都是等边三角形，求证：$\angle NPB = 60°$。（解法：在 $\triangle NPF$ 与 $\triangle CFB$ 中，$\angle NPF = \angle FCB = 60°$）

预设（4）如图7-13，点 C 为线段 AB 上一点，$\triangle ACM$ 与 $\triangle CBN$ 都是等腰三角形，连接 PC，设 $\angle NCB = \angle MCA = x$，且 $AC = MC$，$NC = CB$，求 $\angle APC$ 与 x 的关系。（解法：作 $CG \perp AN$，作 $CH \perp BM$，由于 $\triangle ACN \cong \triangle MCB$，$\triangle ACN$ 和 $\triangle MCB$ 面积相等，所以 $CG \times AN = CH \times BM$，所以 CG

117

$= CH$，所以$\angle APC = \angle CPB = \dfrac{1}{2}(180° - x) = 90° - \dfrac{1}{2}x$。

设计意图：层次一是通过典型的问题，帮助学生对基本图形的认识，巩固等边三角形的性质和三角形全等的证明方法。层次二是由浅入深，引导学生学会灵活利用条件更进一步进行不同角度、不同层面的探索和思考。层次三是帮助学生学会从特殊到一般的思维方式，体会几何量的不变性和内在的联系，进而感受数学的和谐美，激发学生学习数学的兴趣，促使有效课堂自然生成。

2　自然生成于学生动手实践之中

根据新课标的要求，要发挥学生的主体作用和主动性，把课堂的空间还给学生。老师不是直接灌输知识，学生不是一味地接受知识，而是要通过亲身动手实践主动学习新知识，体会知识的形成过程。实践证明，只有通过学生自主探索、动手操作、进行观察和比较，这样的课堂才能更具生命力，才能让学生更牢固掌握知识，才能促进课堂教学自然生成。

案例3：如图7-15，从边长为a的大正方形纸片上剪去一个边长为b的小正方形。

（1）请表示出图7-15中阴影部分的面积。

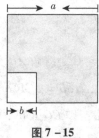

图7-15

（2）若将阴影部分拼成一个长方形（如图7－16），这个长方形的长和宽分别是多少？你能表示出它的面积吗？

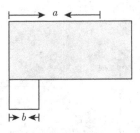

图7－16

（3）比较（1）（2）的结果，你能验证平方差公式吗？

师：同学们，请你们动手操作一下，怎样由图7－15的阴影部分拼成一个长方形图7－16呢？

学生开始动手操作，课堂气氛顿时活跃起来，经过探索、观察、比较，大部分学生能够拼出来，于是便有了如下自然生成的精彩案例。

忽然，生1举手示意发言：老师，我的拼接方法跟上面不一样！

师：你展示一下你的成果。

生1：我的拼接方法如图7－17。

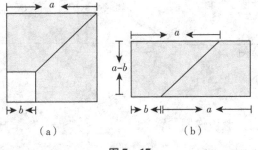

（a）   （b）

图7－17

师：你能说明平方差公式吗？

生1：很简单。

老师表扬了生 1，这时，生 2 站了起来：老师，我拼成一个平行四边形！

师：（故作惊奇）我还真没想到！请你展示一下你的解题思路。

生 2；我的拼接方法如图 7 - 18.

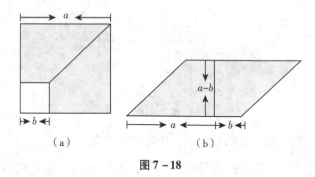

（a）　　　　　　　（b）

图 7 - 18

师：同学们，这种方法可不可以？

众生：可以！

师：还有没有别的拼接方法？

学生在本子上画着，讨论着，一会儿，生 3 兴奋地喊道，我拼成了一个如图 7 - 19 所示的梯形。

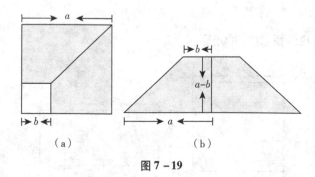

（a）　　　　　　　（b）

图 7 - 19

师：同学们，谈谈你们的感受？

众生：想不到，真奇妙！

正当同学们沉浸在丰富多彩的拼法中，这时个性极强的学生 4 不紧不慢地说："老师，我认为不需要拼接，只需要剪成两个相等的梯

形，一个梯形的面积为 $\frac{1}{2}$ $(a+b)$ $(a-b)$，两个梯形的面积和就是 2

$\times \frac{1}{2}$ $(a+b)$ $(a-b)$ $=$ $(a+b)$ $(a-b)$ $= a^2 - b^2$，即 $(a+b)$ $(a-b)$ $= a^2 - b^2$。

众生自发给出了热烈的掌声！纷纷感叹，真不可思议，太精妙了！

师：通过这个习题的研究，同学们有何感想？

案例反思：本案例，教师不是简单地把知识灌输给学生，而是在施教过程中充分体现学生的主体地位，让学生动手操作，亲身实践，动脑思考，围绕学生学习中的问题展开教学，启发引导学生去发现问题，提出问题，使他们有充分的机会去实践，去研究，去创造。并进而探索解决问题的途径和方法，这个过程不是刻意的，不是强加给学生的，而是动态、自然地生成的。

3　自然生成于学生争论辩解之中

马克思说：真理是由争论确立的。在课堂上，争论辩解的基础是不同观点之间的交锋。它必然引发学生独立思考，演化成学生对教材的理解和认识，培养学生逻辑思维和批判精神，有效地锻炼学生的语言表达能力。参与争论的学生必然精神亢奋，注意力高度集中地去寻求不同见解，智慧的火花必会竞相迸射。没有求异创新的思维能力，是很难奏效的。

案例4：学习"等腰三角形"后，复习课上，我发现有一道题很多学生都做错了。

问题：如图 7 – 20，在 $\triangle ABC$ 中，$AB = AC$，O 是 $\triangle ABC$ 内的一点，且 $OB = OC$，求证：$AO \perp BC$.

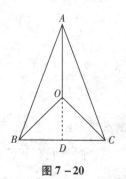

图 7 - 20

出示题目后，我先让学生说一说自己的思路。

生 1：因为 $OB = OC$，所以 AO 平分 $\angle BOC$，再由等腰三角形 "三线合一"，即可证明。

师：用 $OB = OC$ 为什么能说明 AO 是 $\angle BOC$ 的角平分线呢？

生 1：（理直气壮地）到角的两边距离相等的点在角的平分线上啊！

生 2：你错把 OB，OC 当作距离了，我认为，可以取线段 BC 的中点 D，连接 OD，由 $AB = AC$，进而由等腰三角形 "三线合一"，即可证明垂直。

师：（慢慢地）这个方法很简明啊……

生 3：（迫不及待地）我觉得他的证明方法不妥，连接 OD，并不代表 A，O，D 三点共线啊！（一石激起千层浪，众生恍然大悟）

师：很好！那么如何来证明这三点共线呢？

生 4：可以不用证明三点共线的，延长 AO 交 BC 于点 D，这样就说明了 A，O，D 三点是在同一条直线上，再用 "SSS" 证明 $\triangle AOB \cong \triangle AOC$，利用等腰三角形 "三线合一"，即可证明。

（大家纷纷给这位同学热烈的掌声，投去赞赏的目光）

师：不错，通过延长 AO 巧妙地避免了 "三线合一" 的问题，还有其他方法吗？

在以上的教学中，教师并没有急于点拨或代替学生包办，而是把解决问题的主动权交给学生，组织了一场精彩的辩论赛，在学生的争论之中，学生逐渐找到了解决问题的方法，既加深了对知识的理解和掌握，也提高了自己的思维能力，在学生的争论和辩解之中，也自然、顺利地完成了课堂的教学任务。

4 自然生成于学生团结协作之中

合作学习是新课程改革积极倡导的教学方式之一，在数学课堂上，通过合作交流活动，使学生认识到，只有团结协助、齐心协力才能到达成功的彼岸。数学教学不仅使学生学到知识，更应使学生学会共同生活，学会共同发展。

案例5：在"完全平方公式"一节中，如何归纳出完全平方公式的规律特点，在教学中，教师先出了以下三道题：(1) $(a+1)^2$，(2) $(3+x)^2$，(3) $(2a+x)^2$，教师先让学生求出答案，再启发：请大家仔细观察这三个题目的计算结果，你发现有什么规律？经过几分钟，教师根据学生的个性特点、兴趣才能、学习成绩等方面进行合理分组，全班分成 10 个小组，每组 4-5 人，让组内推选中心发言人，再组织学生合作交流，强调小组内要团结协作，兼容互补，教师深入到每个小组，针对不同情况加强引导，通过小组内的合作交流，对比讨论，总结归纳，然后各组中心发言人代表本组与全班同学交流，最终推导出完全平方公式。整个过程自然、动态、有效地生成，既加深了知识的形成过程，又提高了同学的合作意识和交际能力。

5 自然生成于技术灵活运用之中

几何教学在数学课中占据半壁江山，而它在教学实践中却有很大的局限性，因为几何图形的变化难以真正在黑板上直观展示起来，数学教学软件为我们提供了一个十分理想的"做数学"的环境。学生可以任意拖动图形、观察图形、猜测并验证图形，在观察、探索、发现的过程中增加对各种图形的感性认识，形成丰厚的几何经验背景，从而更有助于学生理解和证明。因此，数学教学软件能为学生创造一个进行几何"实验"的环境，有助于发挥学生的主体性、积极性和创造性，充分体现了新课程教学理念。以下通过教学实例，谈谈如何在教学中合理运用"几何画板"，使得几何教学动态、自然地生成。

案例6：如图7-21，四边形 $ABCD$ 是任意四边形，E，F，G，H 分别是个边上的中点，问：四边形 $EFGH$ 是什么四边形？

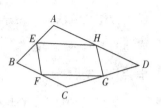

图7-21

这是一道普通的习题，学生都能很快知道四边形 $EFGH$ 是平行四边形，利用"几何画板"可以把这道题变成一道开放题，如果是在黑板上画出任意四边形，则图形是固定的，利用"几何画板"画出的四边形可以随意变化，形成多种情况，如四边形 $ABCD$ 为矩形，四边形 $ABCD$ 为菱形，四边形 $ABCD$ 为正方形，四边形 $ABCD$ 的对角线相等，四边形 $ABCD$ 的对角线互相垂直，四边形 $ABCD$ 的对角线互相垂直且相等等情况（如图7-22至图7-24）。

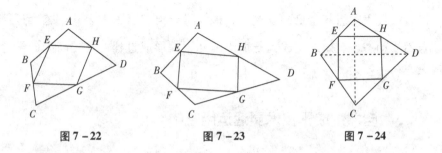

图7-22　　　　　图7-23　　　　　图7-24

学生可以在各种情况下观察四边形 *ABCD* 的变化情况对其结论产生的影响，并加以证明。教学软件所呈现的丰富的动态的图形，可以极大地开阔学生的视野，给学生更多"发现"的机会，同时，课堂教学也能在动态、直观地展示中自然生成。

6　自然生成于师生和谐相处之中

师生情感不仅是师生交往的基础，也是使学生对数学产生兴趣的关键，德国著名教育家第斯多慧曾说过，"教学艺术不在于传授的本领，而在于激励、唤醒、鼓舞。"教师是师生情感的主导者，热爱学生是进行教学的前提。当教师的情景倾注在数学教学中时，对学生有直接的感染作用，当教师和学生能和谐相处时，学生就能够更加积极主动地投入课堂学习。教师应加强与学生情感的交流，增进与学生的友谊，关心学生、尊重学生、爱护学生，建立良好的师生关系。在教学过程中融情于教，使课堂教学成为一个"学习的共同体"，教师在课堂上要和学生沟通、交流、分享。共同完成教学和学习任务，成为学生的良师益友，用自己的人格魅力去影响学生、教育学生。学会用欣赏的眼光去看待每一个学生，及时予以肯定，让每一个学生都能体会到成功的快乐，师生关系融洽，则学生对数学的喜爱之情就会更加主动和更加持久。

案例7： 在一节"线段、射线和直线"课堂教学中，为了让学生能更好理解这三个概念，让学生举例。

师：刚才我们已经知道线段、射线和直线的概念及一些相应的例子，下面请同学们举一些例子。

生1：灯管可以看成线段。

生2：我的笔可以看成线段。

师：说的好，理解的不错。（向刚才回答的同学微笑点头）

生3：一根头发可以看成线段。

（这时课堂气氛马上活跃起来，一些学生都在窃窃私语，对于这个争议性的问题，我本想跳过不讲，可发现这时候学生3有点不自然了，茫然地看着我，等待着我的"宣判"，我决定让问题进行下去）

师：好像大家对生3同学举的例子有不同看法吗？谁来说说看？

生4：我认为头发是一条射线，其中发囊是射线的端点，发梢无限延长。

生5坐不住了，把手举得高高的。

师：生5，你来说说。

生5：我同意生3的看法，我认为掉下来的头发已经停止生长了，所以是一条线段。

师：好，大家有不同观点，从头发掉下来不再生长这个角度看，是一条线段；从头发还可以生长这个角度看，又是一条射线，还有其他意义吗？

生6：我认为头发既不是线段也不是射线，因为没有绷紧的头发是一条曲线，你们说，谁长出来的头发天生是一条直线呢？

（全班哄堂大笑，同时报以热烈的掌声）

师：（竖起大拇指）大家的发言太精彩了，真是好样的！你们这种质疑的精神让老师感到骄傲，俗话说："长江后浪推前浪"，和大家在一起探索数学，老师也收获不少，同时也要感谢生3给我们送上了一个"非同寻常"的争议性题目，让大家对本节课内容理解更加深刻，真要感谢大家。

以上整个过程是在轻松、活跃的气氛中自然生成的，是在笑声、掌声中度过的，是在感染、鼓励和表扬中赢得共识的。面对几十张思维活跃，朝气蓬勃的学生，这不是在和谐融洽的师生关系中自然生成吗？随后我还特别将这一思路融入到以后的教学设计中。

总之，教学不是简单的传递和被动的接受，它不仅是课堂创造与开发的过程，更是师生交往，积极互动，共同发展的过程。而"生成"正是对教学过程中生成可变性的概括。它既是教学活动动态的一种反映，又具有某种意义上的不可预知性。同时，精彩、自然、动态、有效的课堂"生成"正是教师个性化的教与学生个性化的学的重要体现，是教学共同体中诸多因素相互作用的结果。因此，教师要努力提高自己的教育智慧，善于发现生成性的教育资源，进行积极的价值引导，使课堂有效"生成"，让课堂焕发出勃勃的生命力。

第 8 章

中考研究

　　中考试题是各地命题专家命题经验和集体智慧的结晶，对中考试题进行深度赏析与解读，有助于更好地剖析和领悟中考试题的评价功能，进而反思和改进教学。

立足基础重思维，考查能力显素养

2021 年广东省中考第 23 题遵循立基础、考能力、考素养、重思维、重创新的指导思想，考查了多种辅助线的作法和多个基本图形的应用，聚焦知识本质，解法开放多元，引领学生创新思考，凸显数学核心素养，对后续的课堂教学导向起到了积极的引领作用。

1　试题呈现

（2021 年广东省中考第 23 题）如图 8 - 1，边长为 1 的正方形 $ABCD$ 中，点 E 为 AD 的中点，连接 BE，将 $\triangle ABE$ 沿 BE 折叠得到 $\triangle FBE$，BF 交 AC 于点 G，求 CG 的长。

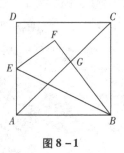

图 8 - 1

2　试题评价

2.1　立足基础，关注模型，聚焦本质

本题以正方形和三角形折叠为载体，综合考查了正方形、勾股定理、全等三角形、相似三角形、平行线分线段成比例和锐角三角函数等核心的基础知识。在立足基础知识上，考查主干，关注基本图形，回归教材，回归本质。本题条件简单，图形简洁，但内涵非常丰富，简约而不简单。

在问题的解决过程中，尝试寻找基本图形，利用题目里折叠的对应角相等以及正方形里的直角、边的中点等条件，尝试添加辅助线，构造了"一线三等角""8字形"或"A字形"相似三角形等基本图形，借助勾股定理、相似三角形等知识，利用模型的本质与内涵解决求线段长度的问题。本题有效地突出了对数学基础知识、基本技能、基本思想方法和基本活动经验这"四基"的考查，引领聚焦数学本质，考查了学生的模型思想和应用意识。

2.2 解法多元，引领创新，凸显素养

本题的命题者精心设计，考查了多种辅助线的作法和多个基本图形的应用，不同的思考方向要添加不同的辅助线，不固化学生思维，解法开放多元，但学生需要具备较强的几何构造能力、直观想象能力、逻辑推理能力与运算能力。从阅卷情况来看，大多数学生沿着平时学习的"一线三等角""8字形"或"A字形"相似三角形等基本图形添加辅助线，还有学生采用"建系法""截长法"等方法，本题引领学生创新思考，在简洁的图形中"无中生有"，构造了丰富多彩的几何图形。题目也有意向高中过渡，与高中衔接，有少数学生利用平时自学拓展的"二倍角公式"解决问题，这不仅满足了不同层次学生的需求，也为激发学生的创新思维提供了更多能力展示的空间。本题蕴含着方程思想、化归思想、模型思想等多种重要数学思想方法，综合考查了数学抽象、逻辑推理、数学运算、直观想象和数学建模等核心素养，这有助于引导初中数学教学要更加注重培养学生的数学核心素养。

3 解法赏析

思路1：以平行线为视角，构造相似三角形

解法1：基于构造"X型"添加辅助线。

如图 8-2，延长 BF 交 CD 于 H，连接 EH。因为四边形 $ABCD$ 是正方形，所以 $AB /\!/ CD$，$\angle D = \angle DAB = 90°$，$AD = CD = AB = 1$，由勾股定理得：$AC = \sqrt{2}$，由翻折的性质可知，$AE = EF$，$\angle EAB = \angle EFB = 90°$，$\angle AEB = \angle FEB$，因为点 E 是 AD 的中点，所以 $AE = DE = EF$，Rt$\triangle EHD \cong$ Rt$\triangle EHF$（HL），易得 $\angle DEH + \angle AEB = 90°$，$\angle AEB + \angle ABE = 90°$，所以 $\angle DEH = \angle ABE$，$\triangle EDH \backsim \triangle BAE$，$\dfrac{ED}{AB} = \dfrac{DH}{EA} = \dfrac{1}{2}$，$DH = \dfrac{1}{4}$，$CH = \dfrac{3}{4}$，因为 $CH /\!/ AB$，所以 $\dfrac{CG}{GA} = \dfrac{CH}{AB} = \dfrac{3}{4}$，$CG = \dfrac{3}{7}AC = \dfrac{3\sqrt{2}}{7}$。

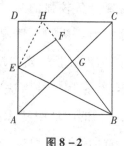

图 8-2

解法 2： 基于构造 "A 型" 与 "X 型" 添加辅助线。

如图 8-3，延长 AD 和 BF 交于点 H，易得 $\triangle HEF \backsim \triangle HBA$，$\dfrac{EH}{BH} = \dfrac{FE}{AB} = \dfrac{1}{2}$。设 EH 长为 x，$AH^2 + AB^2 = BH^2$，即 $\left(x + \dfrac{1}{2}\right)^2 + 1^2 = (2x)^2$，$x = \dfrac{5}{6}$，即 $AH = \dfrac{4}{3}$，因为 $\triangle HAG \backsim \triangle BGC$，$\dfrac{CG}{AG} = \dfrac{BC}{HA} = \dfrac{3}{4}$，由勾股定理得：$AC = \sqrt{2}$，得 $CG = \dfrac{3\sqrt{2}}{7}$。

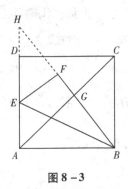

图 8 – 3

解法3：基于构造"一线三等角"添加辅助线。

如图8–4，过点 F 作 CD 的平行线分别交 AD、BC 于点 M、N，过点 G 作 BC 的垂线交 BC 于点 P，易得 $\triangle MEF \backsim \triangle NFB$。设 MF 长为 x，则 FN 长为 $1-x$，$\dfrac{ME}{FN} = \dfrac{EF}{BF}$，$\dfrac{ME}{1-x} = \dfrac{1}{2}$，$ME^2 + MF^2 = EF^2$，即 $\left(\dfrac{1-x}{2}\right)^2 + x^2 = \left(\dfrac{1}{2}\right)^2$，解得：$x = \dfrac{2}{5}$，$ME = \dfrac{3}{10}$，$DM = \dfrac{1}{5}$，$CN = \dfrac{1}{5}$，$FN = \dfrac{3}{5}$。因为 $\triangle GBP \backsim \triangle FBN$，$\dfrac{GP}{FN} = \dfrac{BP}{BN}$。设 GP 长为 a，则 CP 长为 y，BP 长为 $1-y$，$FN = \dfrac{3}{5}$，$BN = \dfrac{4}{5}$，$\dfrac{y}{\frac{3}{5}} = \dfrac{1-y}{\frac{4}{5}}$，$y = \dfrac{3}{7}$，在 $Rt \triangle PGC$ 中，$PC = PG = \dfrac{3}{7}$，$\angle GPC = 90°$，由勾股定理得：$CG = \dfrac{3}{7}\sqrt{2}$.

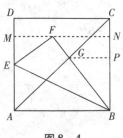

图 8 – 4

133

思路 2：以平行线和半角为视角，构造等腰三角形

解法 4：如图 8-5，延长 BF 交 CD 于点 H，延长 BE 和 CD 交于点 I。

设 CH 长为 x，$\triangle HIB$ 为等腰三角形，得 $CH^2 + CB^2 = BH^2$，即 $x^2 + 1^2 =$

$(2-x)^2$，$x = \dfrac{3}{4}$。因为 $CH /\!/ AB$，所以 $\triangle HGC \backsim \triangle BGA$，$\dfrac{CG}{AG} = \dfrac{CH}{AB} = \dfrac{3}{4}$，

由勾股定理得：$AC = \sqrt{2}$，$CG = \dfrac{3\sqrt{2}}{7}$。

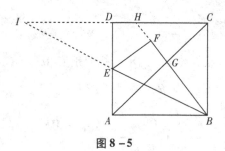

图 8-5

思路 3：以截取等长为视角，构造等角

解法 5：如图 8-6，延长 AB，截取 $BH = BG$，连接 GH，过点 G 作

$GJ \perp AB$，易得 $\angle ABE = \angle H$，则 $\tan \angle ABE = \tan \angle H = \dfrac{1}{2}$，设 $AJ = GJ = x$，

则 $JB = 1-x$，$BH = 2x - (1-x) = 3x-1$，在 $Rt\triangle GBP$ 中，$x^2 + (1-x)^2$

$= (3x-1)^2$，解得 $x = \dfrac{4}{7}$，由勾股定理得：$AC = \sqrt{2}$，$CG = \dfrac{3\sqrt{2}}{7}$。

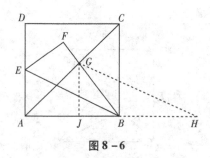

图 8-6

思路4：以正方形中特殊角45°为视角，构造相似三角形

解法6：如图8-7，连接 FH，因为 $AD \parallel BC$，所以 $\triangle AHE \backsim \triangle CHB$，

$\dfrac{AE}{BC} = \dfrac{AH}{CH} = \dfrac{1}{2}$，由勾股定理得：$AC = \sqrt{2}$，$AH = \dfrac{\sqrt{2}}{3}$，$HC = \dfrac{2\sqrt{2}}{3}$，易证

$\triangle AEH \cong \triangle FEH$，$AH = HF = \dfrac{\sqrt{2}}{3}$，$\angle EAH = \angle EFH = \angle GFH = 45°$，易证

$\triangle GFH \backsim \triangle GCB$，$\dfrac{FH}{BC} = \dfrac{FG}{CG} = \dfrac{HG}{GB}$，设 $HG = x$，$FG = y$，$\dfrac{\sqrt{2}}{3} = \dfrac{y}{x} = \dfrac{\frac{2\sqrt{2}}{3} - x}{1 - y}$，

$HG = \dfrac{2\sqrt{2}}{3}$，$CG = \dfrac{3\sqrt{2}}{7}$.

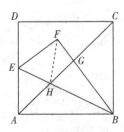

图8-7

分析：上述六种解法都要先添加辅助线，作法多样，大多数都要添加多条辅助线，对学生提出了一定的挑战，但这些作法的方向与思路都来源于教学中重要的基本图形。这些解法应用了相似三角形和勾股定理等核心知识，考查了学生几何直观想象能力、图形构造能力和创新意识。

思路5：以垂直为视角，建立直角坐标系

解法7：如图8-8，以点 A 为坐标原点，AB 为 x 轴，AD 为 y 轴，建立平面直角坐标系，连接 AF 交 BE 于点 H，正方形 $ABCD$ 边长为1，得 A $(0, 0)$，B $(1, 0)$，C $(1, 1)$，D $(0, 1)$，E 为 AD 中点，$AE = \dfrac{1}{2}$，E

$\left(0, \dfrac{1}{2}\right)$，设直线 BE 的解析式为：$y = k_1 x + b_1$，由 B（1，0），E

$\left(0, \dfrac{1}{2}\right)$，得直线 BE 的解析式 $y = -\dfrac{1}{2}x + \dfrac{1}{2}$，由于 $\triangle ABE$ 折叠得到

$\triangle FBE$，$EF = AE = \dfrac{1}{2}$，设点 F（x，y），则 $(x-0)^2 + \left(y - \dfrac{1}{2}\right)^2 = \dfrac{1}{4}$，因

为线段 AF 中点 $H\left(\dfrac{1}{2}x, \dfrac{1}{2}y\right)$ 在直线 BE 上，得 $-\dfrac{1}{2} \times \dfrac{1}{2}x + \dfrac{1}{2} = \dfrac{1}{2}y$，联

立 $\begin{cases} (x-0)^2 + \left(y-\dfrac{1}{2}\right)^2 = \dfrac{1}{4} \\ -\dfrac{1}{2} \times \dfrac{1}{2}x + \dfrac{1}{2} = \dfrac{1}{2}y \end{cases}$，解得：$\begin{cases} x = \dfrac{2}{5} \\ y = \dfrac{4}{5} \end{cases}$，点 $F\left(\dfrac{2}{5}, \dfrac{4}{5}\right)$ 由 B（1，

0），$F\left(\dfrac{2}{5}, \dfrac{4}{5}\right)$，得直线 BF 的解析式 $y = -\dfrac{4}{3}x + \dfrac{4}{3}$，因为直线 AC 的解

析式 $y = x$，联立 $\begin{cases} y = -\dfrac{4}{3}x + \dfrac{4}{3} \\ y = x \end{cases}$，解得：$\begin{cases} x = \dfrac{4}{7} \\ y = \dfrac{4}{7} \end{cases}$，得点 $G\left(\dfrac{4}{7}, \dfrac{4}{7}\right)$，则

$CG = \sqrt{\left(1 - \dfrac{4}{7}\right)^2 + \left(1 - \dfrac{4}{7}\right)^2} = \dfrac{3\sqrt{2}}{7}$.

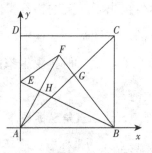

图 8 - 8

分析：利用建系法把数量关系转变成位置关系，在直角坐标系中找

到直线的解析式，学生需要从边的数量找到点的坐标，考查了学生的数

学抽象能力和合情推理能力。

思路6：以折叠半角为视角，利用二倍角公式

解法8： 如图 8 − 9，作 $GH \perp AB$，因为 $\tan \angle ABE = \tan \angle EBF = \dfrac{1}{2}$，

$\tan \angle ABF = \dfrac{2\tan \angle ABE}{1 - \tan \angle ABE \cdot \tan \angle EBF} = \dfrac{4}{3}$，设 $HG = AH = 4x$，$HB = 3x$，$4x$

$+ 3x = 1$，$AH = \dfrac{4}{7}$，$AG = \dfrac{4\sqrt{2}}{7}$，$CG = \dfrac{3\sqrt{2}}{7}$.

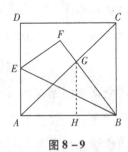

图 8 − 9

分析：从阅卷的实际情况看，有少数学生采用了二倍角公式解决问题，本题向高中过渡，也可以作为初高中衔接教学的优质素材。由于此方法超出初中的学习范畴，在此不做太多论述。

4 教学导向

4.1 夯实基础知识，关注基本图形

基础知识是解决问题的基本支撑，夯实基础知识有助于解题思路的形成。本题主要考查了教材中正方形、勾股定理、相似三角形等基础知识和重要的基本图形，但从阅卷中发现，有不少学生知识不够扎实，不能把基础知识和基本图形联系起来，缺乏在题目图形中抽离、构造、拆分基本图形的能力。因此在平时的教学中，教师要引领学生打好基础，引导学生建立并归纳基本图形，理解基本图形的内涵和本质，理解其蕴含的几何特征和代数关系，提高学生的识图能力，建立数量关系，强化通性通法教学。

4.2 优化解题路径，注重思维培养

几何教学中辅助线的添加在初中数学学习的过程中一直是难点，学生需要具备较强的几何直观想象能力和创新能力。有不少学生遇到这种需添加多条辅助线的几何题就一筹莫展，不能在知识的关联、图形的构造、解题思路的形成中建立思考。在几何教学中，怎样引导学生形成清晰的解题思路？例如：如何借助基本图形解决问题？可以概括成四个步骤。①熟记基本图形；②识别基本图形；③构造基本图形；④建立关系解决。在平时的教学中，多总结、提炼、熟记，方可敏锐发现题眼。如果发现图形中没有基本图形的结构，可以根据题目的已知条件和基本图形的结构特征添加辅助线构造基本图形，最后利用基本图形的特征建立数量关系解决问题。在解题教学中，要留给学生充足的时间拆分和构造基本图形，探索基本图形的特征和数量关系，为解决问题积累基本活动经验。教师可以开展开放式教学和变式教学，寻找有价值的"题根"，开展一题一课、一题多变、一题多解、多解归一等教学研究，引导学生多角度、多层次地充分思考、讨论，在观察、分析、比较、选择、批判中优化解题路径，促进深度学习。提高学生逻辑推理能力、空间想象能力、运算能力，培养学生思维的灵活性、发散性、广阔性、深刻性和创新性，从而提升学生的数学核心素养。

一道中考压轴题的赏析与解读

中考试题历年来是教学的风向标，引领着教师的教和学生的学。2015 年广东省第 25 题作为压轴题，构思精妙，立意深远，导向清晰，对后续的课堂教学导向起到了积极的引领作用。

题目呈现：

（2015 年广东省第 25 题压轴题）如图 8 – 10，在同一平面上，两块斜边相等的直角三角板 Rt△ABC 与 Rt△ADC 拼在一起，使斜边 AC 完全重合，且顶点 B、D 分别在 AC 的两旁，∠ABC = ∠ADC = 90°，∠CAD = 30°，AB = BC = 4cm。

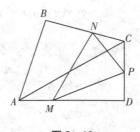

图 8 – 10

（1）填空：AD = _____（cm），DC = _____（cm）。

（2）点 M、N 分别从 A 点、C 点同时以每秒 1cm 的速度等速出发，且分别在 AD、CB 上沿 A→D、C→B 的方向运动，当 N 点运动到 B 点时，

M、N 两点同时停止运动，连结 MN，求当 M 点，N 点运动了 x 秒时，点 N 到 AD 的距离（用含 x 的式子表示）。

（3）在"（2）"的条件下，取 DC 中点 P，连结 MP、NP，设 $\triangle PMN$ 的面积为 y（cm^2），在整个运动过程中，$\triangle PMN$ 的面积 y 存在最大值，请求出这个最大值。（参考数据：$\sin 75° = \dfrac{\sqrt{6}+\sqrt{2}}{4}$，$\sin 15° = \dfrac{\sqrt{6}-\sqrt{2}}{4}$）

特色1：情境新，体现试题的原创性和公平性。初看本题，似曾相识。这是一道常见的利用"一副直角三角板"作为背景并结合"双动点"的动态问题，这样的情境设置表面平凡，但仔细研究，此题熟而不俗，问题的设计推陈出新，新颖别致。解决问题的方法丰富又独特，给常见的数学知识赋予新意，既在情理之中，又在意料之外，给人耳目一新之感。此题原创性强，较好的体现了试题的公平性。

特色2：构思多，体现方法的多样性和独创性。试题构思新颖，解法多样，给学生留有较大的思维空间，学生在解题过程中可以以自己擅长的方式构思或寻找解决问题的方法，有利于学生能力的主动发挥和创造力的充分挖掘。

第"（2）"题的方法：

解法1：如图 8-11，过点 N 作 $NE \perp AD$ 于 E，作 $NF \perp DC$ 延长线交于 F，则 $NE = DF$。

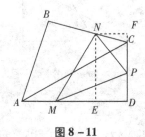

图 8-11

$\because \angle ACD = 60°$，$\angle ACB = 45°$，$\therefore \angle NCF = 75°$，$\angle FNC = 15°$，

$\therefore \sin 15° = \dfrac{FC}{NC}$，又 $NC = x$，$\therefore FC = \dfrac{\sqrt{6} - \sqrt{2}}{4} x$，

$\therefore NE = DF = \dfrac{\sqrt{6} - \sqrt{2}}{4} x + 2\sqrt{2}.$

$\therefore$ 点 N 到 AD 的距离为 $\left(\dfrac{\sqrt{6} - \sqrt{2}}{4} x + 2\sqrt{2} \right)$ cm.

解法 2：如图 8－12，过点 N 作 $NE \perp AD$ 于 E，作 $CH \perp N$ 于 H，

$\because \angle CAD = 30°$，$\angle ACB = 45°$，$\therefore \angle NCH = 15°$，

$\therefore \sin 15° = \dfrac{NH}{NC}$，又 $NC = x$，$\therefore NH = \dfrac{\sqrt{6} - \sqrt{2}}{4} x.$

$\therefore NE = \dfrac{\sqrt{6} - \sqrt{2}}{4} x + 2\sqrt{2}.$

$\therefore$ 点 N 到 AD 的距离为 $\left(\dfrac{\sqrt{6} - \sqrt{2}}{4} x + 2\sqrt{2} \right)$ cm.

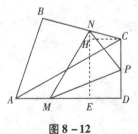

图 8－12

解法 3：如图 8－13，过点 N 作 $NE \perp AD$ 于 E，延长 NC、AD 交于点 G，

$\because \angle CAD = 30°$，$\angle BAC = 45°$，$\therefore \angle BAG = 75°$ $\therefore \angle G = 15°$，

$\therefore \sin 15° = \dfrac{CD}{CG}$，$\therefore CG = \dfrac{8\sqrt{2}}{\sqrt{6} - \sqrt{2}}$，$\therefore NG = \dfrac{8\sqrt{2}}{\sqrt{6} - \sqrt{2}} + x.$

在 $\mathrm{Rt}\triangle NEG$ 中，$\sin 15° = \dfrac{NE}{NG}$，$\therefore NE = \dfrac{\sqrt{6} - \sqrt{2}}{4} x + 2\sqrt{2}.$

∴点 N 到 AD 的距离为 $\left(\dfrac{\sqrt{6}-\sqrt{2}}{4}x+2\sqrt{2}\right)$cm.

解法4：如图8 - 13，利用 $\triangle NEG$ 和 $\triangle CDG$ 相似得到对应比可以

求出。

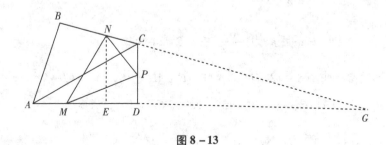

图 8 - 13

第 "（3）"题的方法：

解法1：如图8 - 11，过点 N 作 $NE\perp AD$ 于 E，作 $NF\perp DC$ 延长线

于 F，

$$\because \sin 75°=\dfrac{FN}{NC}, \quad \therefore FN=\dfrac{\sqrt{6}+\sqrt{2}}{4}x, \quad \because PD=CP=\sqrt{2}, \quad \therefore PF=\dfrac{\sqrt{6}-\sqrt{2}}{4}x$$

$+\sqrt{2}$,

$$S_{\triangle MNP}=S_{MNFD}-S_{\triangle NPF}-S_{\triangle MPD},$$

$$\therefore y=\dfrac{1}{2}\left(\dfrac{\sqrt{6}+\sqrt{2}}{4}x+2\sqrt{6}-x\right)\left(\dfrac{\sqrt{6}-\sqrt{2}}{4}x+2\sqrt{2}\right)-\dfrac{1}{2}\left(2\sqrt{6}-x\right)\times\sqrt{2}$$

$$-\dfrac{1}{2}\left(\dfrac{\sqrt{6}-\sqrt{2}}{4}x+\sqrt{2}\right)\left(\dfrac{\sqrt{6}+\sqrt{2}}{4}x\right)$$

即 $y=\dfrac{\sqrt{2}-\sqrt{6}}{8}x^2+\dfrac{7-\sqrt{3}-2\sqrt{2}}{4}x+2\sqrt{3}$,

当 $x=-\dfrac{\dfrac{7-\sqrt{3}-2\sqrt{2}}{4}}{2\times\dfrac{\sqrt{2}-\sqrt{6}}{8}}=\dfrac{7-\sqrt{3}-2\sqrt{2}}{\sqrt{6}-\sqrt{2}}$时，$y$ 有最大值为 $\dfrac{6\sqrt{6}+7\sqrt{3}-10\sqrt{2}-30}{4\sqrt{2}-4\sqrt{6}}$.

解法2：如图8-14，连接AN，作$NF \perp DC$延长线于F，

$$S_{\triangle MNP} = S_{\triangle ABC} + S_{\triangle ACD} - S_{\triangle ABN} - S_{\triangle AMN} - S_{\triangle NPC} - S_{\triangle MPD},$$

$$y = \frac{\sqrt{2}-\sqrt{6}}{8}x^2 + \frac{7-\sqrt{3}-2\sqrt{2}}{4}x + 2\sqrt{3},$$

当$x = -\dfrac{\dfrac{7-\sqrt{3}-2\sqrt{2}}{4}}{2 \times \dfrac{\sqrt{2}-\sqrt{6}}{8}} = \dfrac{7-\sqrt{3}-2\sqrt{2}}{\sqrt{6}-\sqrt{2}}$时，$y$有最大值为$\dfrac{6\sqrt{6}+7\sqrt{3}-10\sqrt{2}-30}{4\sqrt{2}-4\sqrt{6}}$.

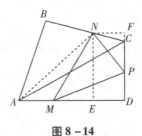

图8-14

由此可见，本题的解题途径比较宽广，方法灵活多样，这为不同基础的考生提供了多样化的解题方法。

特色3：层次明，凸显命题的合理性和区分度。本题第"（1）"题起点低，入口宽；第"（2）"题坡度缓，路子多；第"（3）"题尾巴翘，路子窄。各小题之间富于关联又极具发展性，构思精巧，凸显了命题的合理性，有很高的区分度，整道题层次分明，层层递进，符合认识从简单到复杂的规律。体现了新课标关于课程和教材的总体要求："人人都能获得良好的数学教育，不同的人在数学上得到不同的发展。"

特色4：立意深，展现数学的基础性和思想性。本题作为压轴题综合考查了等腰三角形的性质、勾股定理的运用、二次函数的性质、相似三角形的性质、锐角三角函数、图形面积公式等基础知识，问题解决以添加辅助线、面积割补法为关键，在解决过程中渗透了转化、抽象等数学思想。考查了学生的阅读理解能力、直觉思维能力、灵活变形能力、

观察分析能力、复杂计算能力。本题立意深远，展现了数学的基础性和思想性。

中考试题历年来是教学的风向标，引领着教师的教和学生的学。本题作为压轴题对学生的能力要求较高。但其新颖的题目、独特的方法与技巧、精彩的考查视角，对后续的课堂教学导向将起到积极的引领作用。

第 9 章

翻转课堂

翻转课堂作为先学后导的新型教学模式，需要与深度的学习理念相结合，实现自学与导学的联动、认知结构的建构和联结、知识的迁移和创造、总结批判及多元评价。重视学生课前的深度参与，引导学生课中深度理解，引领学生课中深度思考，启发学生课后深度反思，促进学生在课堂中从浅层学习走向深度学习。

"初中数学'翻转课堂'下有效小组合作学习策略的研究"课题研究报告

1 问题的提出

1.1 研究背景

1.1.1 教育改革发展的需要

《教育信息化十年发展规划（2011—2020）》指出，要求在信息技术与教育深度融合的基础上，建立新型信息化教学环境，优化教育模式，推动教育改革。"翻转课堂"作为一种新的教学模式，在当前信息化教育背景下得到了新的研究和发展，对我国教育教学改革有着重大的影响。《全日制义务教育数学课程标准》强调：数学教学是数学活动的教学，是师生之间、学生之间交往互动与共同发展的过程；自主学习、合作交流、深层探究是学生学习数学的重要方式；合作交流的学习形式是培养学生积极参与、自主学习的有效途径。近年来，我校教育信息化设备设施逐步完善，开展"翻转课堂"与"小组合作学习"已成为我校新教改的重要工作。因此，在新的教育改革和新课程标准的形势下，更新教学方法，探索有效小组合作学习的数学课堂教学模式，是教育工作者关注的重点，是值得数学教学工作者深刻研究的课题。

1.1.2 学生自身发展的需要

当今时代是一个科技竞争日益激烈的时代，在这个时代个人的能力是有限的，人的成功往往取决于其参与团队的合作程度，只有与团队成员充分的合作，才能实现知识的真正理解、掌握和应用。在课堂教学中应培养学生的合作意识与习惯，小组合作学习是一种很好的教学模式，在这一模式下学生充分参与到课堂学习中，成为学习的主人，这是学生自身发展的需要。

1.2 研究现状

1.2.1 关于"翻转课堂"的研究综述

截至 2016 年 12 月，课题组采用分级精确检索的方法对中国知网 CNKI 源数据库的中国期刊全文数据库进行检索。以"翻转课堂"为检索主题对文献进行精确检索，发现 2014—2016 这 3 年中，刊文量分别是 891、2980、5061，又以"数学＋翻转课堂"为检索主题精确检索，刊文量分别是 36、102、192，说明翻转课堂是数学教学研究的热点领域。再以"初中数学＋翻转课堂"为检索主题进行精确检索，刊文量分别是 5、12、31。说明国内关于"初中数学翻转课堂"的研究并不多。

1.2.2 关于"小组合作学习"的研究综述

截至 2016 年 12 月，课题组采用分级精确检索的方法对中国知网 CNKI 源数据库的中国期刊全文数据库进行检索。以"小组合作学习"为检索主题对文献进行精确检索，发现 2014—2016 这 3 年中，刊文量分别是 666、842、785，又以"翻转课堂＋小组合作学习"为检索主题精确检索，刊文量分别是 3、6、21，再以"初中数学翻转课堂＋小组合作学习"为检索主题进行精确检索，刊文量分别是 0、0、0，说明国内鲜有关于"初中数学翻转课堂"下"小组合作学习"的研究。可见，初中数学"翻转课堂"下小组合作学习的教学实践研究相对缺乏。

2 解决问题的过程与方法

2.1 研究内容

（1）初中数学"翻转课堂"及"小组合作学习"的现状调研。

（2）初中数学"翻转课堂"下小组合作学习教学模式的研究。

（3）初中数学"翻转课堂"下合作学习小组科学构建策略的实践研究。

（4）初中数学"翻转课堂"下小组合作学习内容及时机选择的策略研究。

（5）初中数学"翻转课堂"下小组合作学习有效评价制度的实践研究。

（6）初中数学"翻转课堂"下小组合作学习有效激励机制的实践研究。

2.2 研究方法

2.2.1 文献研究法

通过广泛收集与课题研究相关的文献，包括研究成果、论文、论著，从而获取"翻转课堂"与小组合作学习理论的相关知识，增强对"翻转课堂"和小组合作学习理论的认识与思考。文献分析法贯穿研究的整个过程。

2.2.2 调查分析法

在本论文的研究过程中，我们主要对部分同学进行了问卷调查，以期了解学生群体对初中小组合作学习过程、评价等意见。获取他们对于小组合作学习模式的直接观感，从而让我们得到在具体教学实践过程中改善初中数学课堂教学的若干建议。

2.2.3 案例研究法

案例研究法指的是结合小组合作学习模式的实践情况，以典型初中数学课堂教学案例为基本素材，并通过对案例进行具体分析与解剖，促使人们进入特定的教学情景和教学管理过程，从而建立起有关初中数学课堂教学的真实教学感受和解决教学问题的基本方案。

2.3 研究思路

研究思路如图9-1所示。

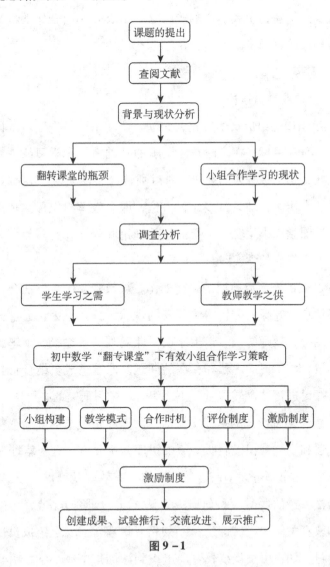

图9-1

2.4　创新之处

本课题研究是基于我校初中数学一年多教学实践经验的总结，初中数学"翻转课堂"教学模式是合作学习的一种具体形式。当前小组合作学习的研究是比较多的，但是国内对如何在数学"翻转课堂"教学模式下充分发挥小组结对合作、竞争和有效评价三者结合的有效性进行实践研究比较少。构建初中数学"翻转课堂"下有效小组合作学习策略是对合作学习理论的进一步丰富和发展。

2.5　研究过程

2.5.1　课题准备阶段

（1）组织课题组成员学习相关文献。课题组成员进一步认识研究的意义，明确研究目标，在广泛查阅文献的基础上认真学习胡铁生、关中客、夏仲文、李玉平等人的著作，研讨翻转课堂理念、《课程标准》、主体教育论、素质教育理论、多元智力论、课堂教学组织形式理论等。通过学习翻转课堂和小组合作学习的相关理论和著作，更新教育观念，以新的教育理念指导教学实践。

（2）开展课题研究前期的调查工作。从教师、学生、社会各方面广泛地收集信息，并深入分析资源开发的现状，分析原因。通过开展校内外的问卷调查、教师访谈、学生座谈、课堂观察等途径，了解翻转课堂教学和小组合作学习的现状和存在的问题。课题组成员结合自身教学实际，深入探讨进行"翻转课堂"下小组合作学习研究的必要性。

（3）组织多种形式的培训交流活动。课题组成员明确新形势下教学改革的机遇和挑战，积极聆听专家的讲座，主要有：远程培训《微课与优课制作》，北京师范大学钱志亮教授的《有效课堂哪里来》，华南师范大学胡劲松教授的《教育科研研究方法之质的研究方法》，华南师范大学谢幼如教授关于"翻转课堂"系列精彩讲座等。课题组成员还积极外出校外学习，如：由寮步镇教育局组织到深圳市书香小学，由学校组织到顺德文华中学、松山湖实验中学、寮步镇凫山小学。现场观摩课例展示，回校认真交流研讨，结合自身教学实际，课题组成员话教改、谈困惑，讨论并明确课题的研究方案。

（4）课题组完成上报课题审批立项。确定研究方向，拟订课题研究方案，填写课题申报表，提交上级部门审批，制定具体措施计划。

2.5.2 课题实施阶段

（1）根据课题总方案进行具体研究。

（2）充分利用录播教室组织教师展示研讨，提高教师课堂教学技术，并应用于课堂教学实践。①课题组成员在课堂教学中改革，实践翻转课堂，上研究课。在实践过程中不断加强理论学习，运用理论不断加以打磨、实践、反思、学习、探讨、改进、再实践，推动课题研究的顺利进展。主要围绕以下几方面进行深入研讨：一是研究方向，即翻转课堂、小组合作学习。二是具体问题，即怎样科学构建学习小组？→怎样构建符合学生实际的"翻转课堂"教学模式？→怎样选择小组合作学习内容及时机？→怎样制定小组合作学习有效评价制度？→怎样制定小组合作学习有效激励制度？三是研究方法，即集体备课→上研讨课→听评课→评价分析→深入研讨→改进策略→达成共识→汇总提炼→交流检验。②研究改变课堂教学评价方式，变"以教定学"为"以学定教"，初步制定出能指导翻转课堂教学的新的课堂教学评价方式。

（3）组织听课评课交流。①围绕研究专题，课题组成员经常性地进行互听互评活动，并及时组织评课、总结，找问题、想措施，及时调整和改进。②学校组织校级公开研讨课，不断提高课题组成员的研究水平，改进实践过程中存在的问题，追求课堂教学优质高效的教学设计。

（4）有计划地组织各项课题交流活动，定期组织策略研讨与展示活动。①课题组及时总结教学改革中的成功经验，推广改革经验，改进不足。②加强学习和交流，积累经验。如：到桥头中学送课，在全省做关于翻转课堂的报告,在广东省张青云名师工作室作专题讲座等。开展一系列交流研讨活动,争取在更大的范围内展示、交流和检验课题成果,并逐步完善成果。

(5)对课题进行阶段性总结,搜集阶段成果材料(论文、案例、视频、微课开发等)。

2.5.3　课题总结阶段

(1)对初中数学"翻转课堂"下有效小组合作学习策略和实效进行总结分析。

(2)全面搜集和整理资料,对整个实验进行总结,撰写课题结题报告。这一阶段既是对课题研究成果的一个总结,又为后期教学研究工作指明了方向。

(3)汇总研究过程中形成的教学经验和课题研究成果(论文、教学设计、案例等)。

(4)接受上级主管部门对课题的结题鉴定。

3　成果的主要内容

3.1　主要理论成果

3.1.1　构建了小组合作学习策略体系,填补了翻转课堂小组合作学习策略研究的理论

翻转课堂的最大优势,还是接受式学习方式与建构式学习方式的优势互补,这样的优势为小组合作学习提供更大的学习空间。因此,围绕"接受+建构"的混合式学习,分别从初中数学"翻转课堂"下小组合作学习的小组科学构建、评价制度、内容及时机选择、激励机制等方面进行了探索,形成了较为系统的教学策略体系。对提高初中数学教师课堂教学活动的有效性具有直接的指导意义和价值。

(1)初中数学"翻转课堂"下合作学习小组科学构建策略的实践研

究：小组构建，合理配置，分工明确。（简称小组构建"十二字"策略）。

（2）初中数学"翻转课堂"下小组合作学习有效评价制度的实践研

究：组内合作，组间竞争，即时量化。（简称评价制度"十二字"策略）。

（3）初中数学"翻转课堂"下小组合作学习内容及时机选择的策略研

究：精选内容，寻找时机，合作学习。（简称合作内容"十二字"策略）。

（4）初中数学"翻转课堂"下小组合作学习有效激励机制的实践研

究：创设平台，建立机制，激励评价。（简称激励机制"十二字"策略）。

3.1.2 构建了翻转课堂教学模式，实现了一种模式适应多种课型智能教学管理的突破

翻转课堂教学模式如图 9 - 2 所示。

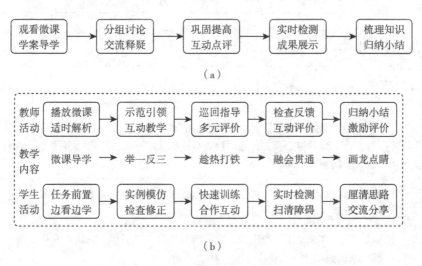

图 9 - 2

3.1.3 开发了初中数学翻转课堂教学评价体系，完善了小组合作学习评价的实践研究

初中数学翻转课堂教学评价体系如表 9 - 1 所示。

表 9－1

评价指标	评价要素	评价标准	权重
课前设计 20 分	教学视频制作	教学视频能够完全与教师设定的教学目标和教学内容相吻合	3
		教学视频的视觉效果好、互动性强、时间长度适宜、强调主题	5
	课前针对性练习	学生集中精神看完教学录视频	3
		课前练习的数量和难易程度适当	3
		学生完成教师布置的针对性课前练习	6
课堂活动 80 分	确定问题	教师需要根据课程内容和学生观看教学视频、课前练习中提出的疑问，总结出一些有探究价值的问题	5
		师生根据教学重难点选择相应的探究题目	7
		学生分组进行探究，可以先对该问题进行独立研究，最后再进行协作探究	8
	独立探索	学生认真观察、分析、思考问题，掌握知识	10
	协作学习	小组是互动学习，每个人都参与活动；教师为参与者提供与同伴交流的机会，并可随时检查自己想法的正确性；提供多种解决问题的策略，集思广益	10
		教师适时地做出决策，选择合适的交互策略，保证小组活动的有效开展	10
	成果交流	学生在课堂上进行汇报、交流学习体验，分享作品制作的成功和喜悦	10
	练习巩固	学生当堂完成平台上或其他资料上的相关练习，以巩固所学知识	10
	反馈评价	注重对学习过程的评价，做到定量评价和定性评价、形成性评价和总结性评价、对个人的评价和对小组的评价、自我评价和他人评价之间的良好结合	5
	反思总结	在教师的引领下学生对学习内容进行知识归纳或方法梳理	5

154

3.1.4 构建了有效小组合作学习新模式，丰富了小组合作学习的实践研究

本课题的小组合作学习是指在班级中按"组间同质、组内异质"的原则分成若干个大组，每组由 A、B、C、D 等三至四个层次的 6—8 人组成，每个大组内再根据实际分成师徒式帮扶、师友式合作的小组，以学生的互动合作为动力资源，以团体成绩为奖励依据的一种具有共同目标导向的教学活动。组内实行结对帮扶和合作，组间加强交流竞争并制定评价和竞争机制，丰富了小组合作学习的实践研究。

合作新模式示意图如图 9－3 所示。

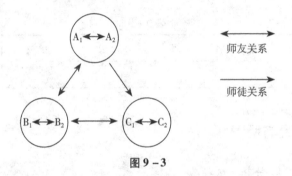

图 9－3

3.1.5 构建了深度学习的数学翻转课堂的教学策略，丰富了翻转课堂的理论研究

（1）指向核心素养，达成深度目标。

（2）优化课堂结构，激活深度思维。

（3）精设问题链接，促进深度互动。

（4）重视总结升华，启发深度反思。

3.2 主要实践成果

课题组撰写的论文中，发表 10 篇，获省级奖项 5 篇，市级奖项 5 篇。在国家、省、市各类比赛中获奖 20 项，其中国家级 2 项，省级 5 项，市级 10 项，镇级 3 项。课题组核心成员被评为高级教师 3 人，1 人

被评为东莞市数学学科带头人，1 人被评为市第一批名班主任培养对象，3 人都被评为市教学能手，1 人被评为镇名班主任工作室主持人，1 人被评为寮步镇名教师。

自开展课题研究至今，我组教师发表与获奖的论文如表 9 - 2 所示。

表 9 - 2

级别	发表	省级	市级	合计
数量	10	5	5	20

自开展课题研究至今，我组教师参加各类教学比赛取得的成绩如表 9 - 3 所示。

表 9 - 3

级别	国家级	省级	市级	镇级	合计
数量	2	5	10	3	20

4 效果与反思

4.1 成效分析

4.1.1 促进了教育教学质量的提升和学生综合素质的发展

（1）试验班学生取得较好的学业成绩。自开展“翻转课堂”以来，在翻转课堂“五步曲”的教学模式下，发展了在小组科学构建、小组合作学习时机、学生评价制度、学生的激励制度及信息技术与数学教学深度融合等方面的策略研究，实现了一种模式适应多种课型智能教学管理的突破，课题的研究促进了教育教学质量的提升。学生取得较好的学业成绩，有利于促进学生的内涵发展，近三年来三个年级的平均分均超过市的平均水平，且呈逐年上升趋势。

（2）学生的综合素养得到了整体提高。与传统教学模式相比较，小组合作学习模式有助于发挥学生的主观能动性。在小组合作学习过程中，学生的表达欲望更为强烈，拥有更多向他人表达自己想法的机会和平台，学生与学生之间的互动能够促进学生更加清醒地认识到自己的责任与使命。在小组合作学习过程中，自己对于数学的表达能力、合作能力、理解力、学习力得到了增强，学生的自信心有了普遍提高。

（3）学困生的学习状况有了较大改善。学困生能够得到组内成员的尊重并代表本组向全班师生主动发言，学困生"游离"课堂的现实状况有较大程度上的改变，其学习状况也得到了较大改变，对于学习的信心有普遍的提高。

4.1.2　促进了教师的专业发展

（1）更新教师的教学思想观念。

（2）提高教师的信息技术素养。

（3）促进了教师与学生间的互动和交流。

（4）体现了"以人为本"的个性化教学。

4.2　课题研究成果的应用与推广

4.2.1　成果应用

本课题研发了包括微视频、微学案、教学设计、典型课例、论文、精品案例光碟等一系列校本教学资源，实现了资源建设与资源应用的协同推进，为初中数学"翻转课堂""慕课""智慧课堂"建设提供了教学资源和参考范例。而小组合作学习策略体系、论文、典型课例等成果，则可为初中数学同行提供实践参考。

4.2.2　成果推广

课题组组织和参与的省、市、区域、镇、校级讲座，课题研讨，听课交流活动，共达30多场。前来观摩学习研讨的学校达10多所。主持人应邀到广州、韶关、惠州、东莞等地进行讲座和公开课共20多场，广受好评。本课题的"翻转课堂"教学模式和小组合作学习策略的研究在校内外起到显著的引领、示范和辐射效应。

自课题开展以来，课题组教研核心成果也得到权威专家的肯定。课题组主持人孙树德老师、核心成员梁文伟老师的"翻转课堂"课例《列表法解一元一次方程应用题专题复习》《角的复习》同获由中国电教馆组织的"第九届全国中小学创新课堂教学"评比"全国二等奖"。主持人孙树德老师论文《翻转课堂教学模式下学生深度学习的实践与思考》获广东省数学优秀论文评比"特等奖"，核心成员李志欢老师论文《翻转课堂在初中数学课堂的探究》获东莞市数学优秀论文评比"二等奖"。孙树德老师和梁文伟老师的"翻转课堂"课例被"华录出版传媒有限公司"出版发行。

4.3　反思与设想

4.3.1　研究问题反思

（1）新技术的教学适用性的思考。①云平台缺乏优质的教育资源，教师备课时间长，工作量大，翻转课堂仍然难以实现简便化、规模化、常态化。②动手操作、实验、探索类的课型在云课堂平台上，学生直接接受知识是否会影响到学生思维的发展。另外，对学生的健康特别是视力影响也不容小视，这些都要引起重视，趋利避害。

（2）合作学习的深入程度不够。主要表现为小组内交流不充分，部分学生停留在独立学习的层次上，学习结果不能完全代表本小组的水平。

（3）合作学习的时机把握不当。主要表现为部分学生在没有充分自主学习的基础上就进行小组交流，导致交流的效果不明显。

4.3.2　后续研究设想

（1）进一步整合和利用初中数学课堂教学的数字资源。

（2）进一步完善初中数学"翻转课堂"下有效小组合作学习的策略。

（3）提炼初中数学"翻转课堂"下深度学习的策略。

（4）进一步研究结合"一体机"进行常态化的翻转课堂的教学策略。

翻转课堂教学模式下学生深度
学习的实践与思考

——从《列表法解一元一次方程应用题
专题复习》的课堂教学谈起

深度学习注重对教与学多层次、多步骤地剖析与加工。如定义理解、认知结构建构、知识创新应用等，以期获得对知识的深层认识。随着信息技术在教育领域的不断发展，翻转课堂依托了现代教育信息技术对课堂教学进行重新安排，其实质是将"知识传递"与"知识内化"进行了翻转，它将"知识传递"的过程放到了课外，学生通过观看相关的教学视频、通过适当的评价系统进行检测可以自主完成知识的构建。而回到课堂上，教师则根据评价系统反馈设计探究活动、根据学生的疑问进行个性化的指导，引导学生完成"知识的内化"，以便学生之间、师生之间有更充分的交流，带领学生走向深度学习。同时，信息学习也存在知识获取的片断化和碎片化的缺陷，通常只拓宽了学习的广度，却缺乏学习的深度，使学生难以进行有效的深层学习。翻转课堂如何融入深度学习的理念？在此，本章通过《列表法解一元一次方程应用题专题复习》的课堂实例，谈谈翻转课堂教学模式下学生深度学习的实践与思考。

1 教学课例

1.1 学情分析

应用题一直以来是学生学习上的薄弱环节。对于初中一年级的学生，遇到较复杂的应用题容易产生畏惧的心理或束手无策。在解应用题过程中，学生究竟有哪些思维障碍呢？在教学实践中，笔者发现普遍的思维障碍主要来自以下几个方面：等量关系的隐蔽性和复杂性的分析的障碍；未知量在思维活动中没有转化为已知量所造成的障碍；对等量关系缺乏理解造成的障碍等。

1.2 教学模式

翻转课堂 "五步曲" 如图9－4。

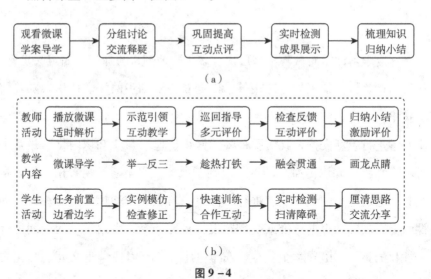

图9－4

1.3 教学过程

教学过程如表9－4所示。

表 9 - 4

教学环节	起止时间	环节目标	教学内容	学生活动	媒体作用及分析
观看微课 学案导学	课前完成 微课（00′00″ - 7′14″） 学案（7′14″ - 30′00″）	导学助学	微课导学	任务前置 边看边学	直观显示 导学助学
分组讨论 交流释疑	课中完成 （00′00″ - 13′01″）	示范引领	举一反三	实例模仿 检查修正	拍照上传 交流展示
巩固提高 互动点评	课中完成 （13′01″ - 21′53″）	巩固提升	趁热打铁	快速训练 合作互动	远程屏幕 操作便捷
实时检测 成果展示	课中完成 （21′53″ - 37′19″）	检测反馈	融会贯通	实时检测 扫清障碍	作答统计 实时检测
梳理知识 归纳小结	课中完成 （37′19″ - 40′00″）	厘清脉络	画龙点睛	厘清思路 交流分享	快速浏览 直观清晰

2　教学思考

2.1　自学与导学的联动，重视学生课前深度参与

在深度学习的教学过程中，充分的教学准备和有效的自学指导是学生深入学习的前提。翻转课堂的微课导学主要是通过对教学目标的设定、教学内容的设计、微课脚本的编写等，教师将以"相片、图形、声音、动画"相结合的形式设计成更有针对性的、更为适合学生的教学。为了让学生在课前深度理解视频里的知识内容，教师要在课前认真制作好或选择好实用、高质量、针对性强的"微课"，要注意微课中内容讲解需要思路清晰，抓住重点。同时要求每个学生在课前认真观看微课，要求学生在规定的时间段内观看微课和自学完成学案，提高课前学习的有效性。

观看微课，学案导学，如图 9 - 5 所示。

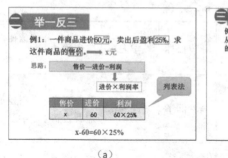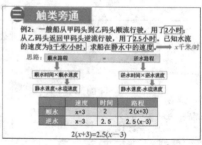

（a）　　　　　　　　　　　　（b）

图 9 - 5

学案节选题 1： 某商品标价 200 元，打八折后销售仍可以获利 60%，求该商品的进价（如表 9 - 5 所示）。

表 9 - 5

	售价	进价	利润
商品			

学案节选题 2： 一艘轮船航行于 A、B 两个码头之间，轮船顺水航行需 3 小时，逆水航行需 5 小时，已知静水中速度是 60 千米/时，求水流速度和两个码头之间的距离（如表 9 - 6 所示）。

表 9 - 6

	速度	时间	路程
顺水			
逆水			

设计意图： 翻转课堂作为先学后导的新型教学模式，在课前通过微视频引导学生学习列表法解应用题，为学生解应用题提供新方法。列表法的优势是将已知条件通过列表的方法呈现出来，突破解应用题的思维障碍，能帮助学生清晰地解决问题，达到事半功倍的效果。通过教师引导、学生自学，为本节课的知识内化打下基础。

162

2.2 认知结构的建构和联结，引导学生课中深度理解

通过对课前知识的讲解，学生可以激活原有的认知，对新知有了初步的了解，可以逐渐加深对新旧知识结构的理解。而对于那些不能独立理解、掌握新知的学生，则需要教师针对这些疑难问题设置更具有效性的学习内容，在课堂中经由分组充分讨论或师生讲解，带领学生在原有认知结构的基础上实现新知识结构的建构，巩固知识之间的有效联结，引导学生课中深度理解。

2.2.1 分组讨论，交流释疑

学生在课前观看视频，完成微学案拍照上传到云课堂平台，教师可提前在平台上快速浏览到学生微学案的完成情况，对学生的学习情况做针对性的二次备课，生成新的学习任务。教师在课中先让同学们分组研讨，互评点赞，互相帮助，交流释疑，同学们积极主动通过平台展示和讲解课前上传的典型错例和范例，解决了微视频和微学案中的疑问，初步掌握用列表法解一元一次方程应用题的重难点，为下面教学中巩固提高打下良好的基础。

2.2.2 巩固提高，互动点评

题目1：把一些书籍分给初一（8）班学生阅读，如果每人分3本，还剩余20本，如果每人分4本，则还缺25本，这个班有多少个学生？（如表9-7所示）

表9-7

	分法一	分法二
图书数量		

分析：书本总量＝每人书本的数量×人数。基本等量关系是分法一书本总量等于分法二书本总量。

题目2：某车间每天能生产甲种零件120个，或者乙种零件100个。

甲、乙两种零件分别取 3 个、2 个才能配成一套。要在 30 天内生产最多的成套产品，问怎样安排生产甲、乙两种零件的天数？（如表 9-8 所示）

表 9-8

	工作时间	工作效率	工作总量
甲零件			
乙零件			

分析：工作总量 = 工作时间 × 工作效率，基本等量关系是甲、乙两种零件配套数量比例是 3 : 2。

设计意图： 在分组讨论、交流释疑后，为了更好的巩固列表法的应用，为了提高复习的深度和广度，教学中更换了盈缺问题、配套问题等应用题类型，从不同角度组织感性材料，不断地变换事物的非本质属性，从而突出"列表法"的本质属性，并使有关的本质属性相互"联结"，鼓励学生尝试用同一种列表法解决更多的实际应用题，提高学生的学习自信心。应用题的数量关系较为隐蔽，条件较多，错综复杂，不易厘清脉络，指导学生可以根据题意画出表格，把题中的已知量、未知量、隐蔽条件和所求问题一一填入表格中，这样就很容易地看出数量间的关系，找出解题的途径。

深度学习是学生自身知识结构发展的需要，是在不同的情境中对新旧知识生成整体性的知识体系。教师通过翻转课堂进行的学生知识结构重建的过程，也是增强学生学习内驱力的有效手段，在探究和共同思考的过程中活跃了学生思维，这不仅是学生认知的主动构建，也是信息接收和学科知识的结合过程，知识将作为一个有机整体深植于学生的认知结构之中。

2.3 知识的迁移与创造，引领学生课中深度思考

对于翻转课堂来说，为了引领学生深度思考，这就需要教师以不同

角度、不同方向的情境形式来加深新知识的巩固，实现知识再迁移、再创新。否则，学习只是一个简单的、机械的、表面的记忆复制和强化过程，仍然属于浅层学习。

实时检测，成果展示。

实时检测节选题1：甲、乙两组分别有51人和45人，现从甲组调一部分人到乙组，使甲组、乙组人数一样。设应从甲组调 x 人到乙组，则可得方程（　　）

A. $51 - x = 45$　　　　　　　　B. $51 = 45 + x$

C. $x = 51 - 45$　　　　　　　　D. $51 - x = 45 + x$

实时检测节选题2：两种移动话费如表9-9所示。

表9-9

	全球通	神州行
月租费	50	无
本地通话费	0.40 元/分	0.6 元/分

对于某个本地通话时间，会出现两种记费方式相同的情况吗？为什么？

实时检测节选题3：某班的学生自己动手整修操场，如果让女生单独工作，需要8小时完成；如果让男生单独工作，需要5小时完成。如果让男生、女生一起工作2小时，再由女生单独完成剩余部分，还需要多少时间完成？

设计意图：为了检测学生本节课的学习效果，本节课围绕常见的应用题进行多角度、多方向、多层次的变式思考与探索，提高复习教学的课堂容量，并在云课堂中应用了拍照发布、远程屏幕、练习推送、实时检测、作答统计、即时分析等新技术功能，及时地了解作答进度、正确率和全班的学习效果。本节课还应用了拍照发布、远程屏幕等新技术功能，学生大胆发表自己的见解，展示自己的学习成果，促进学生个性化发展，可以更大程度的提高学生思维的深刻性，有利于学生更好地巩固和检测本节课所学习的内容。

2.4 总结批判及多元评价，启发学生课中深度反思

深度学习评价侧重于形成性评价，不仅注重学习的成果，更注重学习过程，多元评价有利于促进学生对自身学习过程和结果的反思，激发学生的批判能力，极大地提高学生的学习积极性，增强学生的深层思维能力。在翻转课堂中，为了启发学生深度学习，教师可将课堂评价和云端评价相结合，以课堂分析、分组讨论、在线评析、实时检测、作答统计、即时分析等多种方式从不同终端评价学生的学习情况，及时了解学生的学习情况，通过课堂反馈调整自身的教学策略。

梳理知识，归纳小结。

师：请同学们讲一讲或在平台上写一写本节课的学习收获，并互相评价点赞。

生1：这节课我们应用了列表法解一元一次方程应用题，用了同一种方法却能解决很多问题，如行程问题、经济问题、盈缺问题、配套问题、收费问题、调配问题、工程问题等应用题类型，这是一种好方法。

生2：列表法的优点是可以根据问题的意义绘制表格，填写问题中已知量、未知量、隐藏的条件和问题，这样就可以很容易地看出问题之间的关系，列出方程解决问题。

生3：列表法确实有优势，但我觉得不一定每道题都用列表法，容易的应用题很快就能列出方程了，不需要花时间去列表，有些应用题的条件较多，错综复杂，不易厘清脉络才选择列表法。

师：大家畅所欲言，说得好。这节课我们学习了列表法解应用题，用了同一种方法却能解决很多实际问题，但解决众多的类型不是我们的根本目的，学会解决问题的方法才是根本所在。列表法是在解答抽象而

复杂的应用题时，列表可以使令人眼花瞭乱的条件及数量关系变得明朗化，容易发现解题的规律，有化难为易、化繁为简的作用。熟练之后或简单题目方可不列表去完成。

设计意图： 在深度学习的评价中，课堂提倡批判性学习，发展批判性思维。让学生提问和反思，形成独立思考的能力，最终形成独立人格。翻转课堂下的深度学习的课堂教学鼓励学生学习讨论中敢于碰撞但相互包容。在这个过程中，学生思维的灵活性、深刻性、批判性和敏捷性得到提高。学生对知识有了自己的主观判断，这种批判过程是一种主动学习的过程，同时也是一种使学生价值立场形成和认识框架重塑的过程。深度学习评价是多方面同时进行的多元评价，是完成从量变到质变的高级认知。

基于翻转课堂教学模式下学生的深度学习，不仅要注重教学信息技术的应用，也要重视学生的课前自主学习和课堂学习。为学生创造深度学习的环境，提高教学的有效性，提升数学思维和创新精神，培养学生的数学核心素养。

初中数学 "翻转课堂" 下有效小组
合作学习策略的研究

1 小组构建，合理配置，分工明确

1.1 分组原则

①基本原则：组间同质、组内异质。②学习能力均衡原则（创建公平竞争平台）。③优弱学科结合原则（便于帮扶和交流）。④男女比例适当原则（便于分工）。⑤性格互补原则（提升合作交流效率）。⑥尊重学生意愿原则（获得良好学习情感体验）。⑦阶段性随机调整原则（运作顺畅的有力保证）。

1.2 分组模式

全班按成绩、性格、能力、文理科学习情况、男女比例等方面进行分组，每组 6 人，学科组长 1 名。A1 为学科组长，A2、B1、B2、C1、C2 为组员。

1.3 座位模式

小组的同学按综合能力分成三个梯度（A、B、C），从高到低排列如下：A1、A2、B1、B2、C1、C2。

采用的分组方法有优生中心座位法、接近阶梯座位法、优差搭配座位法、中差搭配座位法（如图 9 - 6 所示）。

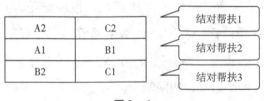

图 9 - 6

设计意图：同学们合作及帮扶方向明确，有利于小组内合作讨论，交流释疑，突破课堂重难点，有利于学习小组保优、互助、扶差、整体提升，提高同学们合作交流的能力。

1.4 文化建设

1.4.1 创设组名

各学习小组根据自己的特点，创设富有个性、积极向上、朝气蓬勃的组名，使本学习小组相互鼓励、奋发向上、团结协作。

1.4.2 形成组训

学习小组成员通过讨论选择名言、警句或者格言，形成自己的组训，以便激发学习小组的进取心、凝聚力。

1.4.3 制作组标

制作学习小组标志牌，放置本组桌面，时刻警醒、激励团队永远向前。

1.4.4 制定组规

小组讨论后，制定本学习小组规章制度。在课堂纪律、行为习惯、预习效果、课堂展示、作业监管、学业成绩等方面制定组规。做到组员人人平等，要达到什么目标，在班级的所有团队中要达到什么样水平，目标清晰，人人明确。

1.5 组员分工

1.5.1 组长职责

①组织组员对课堂中老师提出的学习任务进行合作讨论、交流释疑。

169

②检查、督促课堂练习和作业完成情况，做好登记，并向老师反映。③调动组员学习积极性，鼓励组员举手回答、上台展示。④做好"扶差"任务的分工，提高"结对帮扶"的效果。⑤召开小组例议，总结小组阶段学习情况和小组存在的问题。

1.5.2　组员职责

①自觉参与老师提出的学习任务进行合作讨论、交流释疑。②自觉完成课堂练习、作业，接受组长的检查。③积极举手回答问题，上台展示。④积极接受组长的任务分工，组员主动指导、请教，共同学习，共同进步。⑤自觉地参与同学间的总结和反思。

1.6　小组培训

1.6.1　组长培训

①提升小组长的服务意识。②提升小组长的工作协调能力。③提升小组长组织合作讨论能力。④提升小组长处理组内人际关系的能力。

1.6.2　组员培训

①教会他们一种方法（合作方法）。②培养他们两种习惯（合作习惯、交流习惯）。③增强他们三种意识（合作意识、团队意识、服务意识）。

优生培训：①扶差方法培训。②监督管理培训。

1.7　展示培训

1.7.1　发言

①先准备后发言，谈看法要有根据，能说清理由，不信口开河。②发言围绕讨论中心，不东拉西扯。③语言表达力要求明白，不啰嗦。④别人提出疑问，要针对问题耐心解释，要尽可能作出令人满意的答复。⑤个人汇报：声音响亮，使在教室对角线位置的同学也能清楚地听到；两人讨论：温文柔和，像说悄悄话时的音量；组内集体讨论：声量清晰，让小组内成员听到即可，不影响其他组讨论。⑥发言与点评的同学，语

言表达要清楚、流畅，声音洪亮。不发言的同学要认真聆听同学的发言，不能和其他同学讲话，更不能起哄。要学会尊重同学，学会耐心倾听。发言用语要规范，书面化的语言，不能用方言或口语。作出点评时观点要清晰，对于有不同看法的，要学会一些用语："我不同意某某同学的观点，我要补充的是……""这道题我是这样解的……""我是这样来表述的……"。

展示发言点评歌：身站直，向大家；目光平视看前方；开口发言声音响；借助手势更加棒。

1.7.2 倾听

①聆听别人发言时，眼睛要注视着对方。②以微笑、点头，表示感兴趣或者赞许。③努力听懂别人的发言，边听边想，记住要点。④边听边分辨出和自己发言相同的内容，自己发言时不重复。⑤不要打断别人的发言，有不同意见要耐心听完别人的发言后再提出。⑥别人发言如有疑问，请对方解释说明时，说话要有礼貌，要用"是否请您"或"您是不是可以"。⑦学会站在对方立场考虑问题，体会别人的看法和感受。

1.7.3 展示

上台展示的同学，要求3秒时间上展板，站在聚焦点上，站姿挺直，面带微笑来面对同学和老师，发言时不能看稿，要脱稿展示，语言表达要流畅，声音要大，吐字要清晰，不能用"嗯嗯哦哦"的语言。

1.7.4 板书

①姿势要求：头平、身正、臂曲、足稳。②书写要求：注意握笔姿势、板面布局、字体大小、字体规范。③笔色要求：不同颜色粉笔的用途：白粉笔：底色；黄粉笔：凸显色；红粉笔：修改色。

在黑板板书时，可使用双色笔，白色为底色，黄色为凸显色，把重点内容以及易错点用黄色粉笔标注，强调内容可用红粉色标注。

2　组内合作，组间竞争，即时量化

2.1　组内合作即时量化

2.1.1　组员加分

①每周按时按质按量完成作业，每人加基本分 10 分。②作业认真完成，在课堂上被老师点名表扬每人每次加 2 分。③在课堂中回答问题或上台展示，每人每次加 2 分，精彩度较高的再加 1 分。

2.1.2　组员扣分

①不按时交作业，没完成，没订正作业每人每次扣 5 分，一周作业总扣分最高不超过 10 分。②在晚修或课堂中讲话、开小差、吵闹、说脏话影响学习秩序每人每次扣 1 分。

2.1.3　个人总分

个人总得分 = 作业分 + 课堂参与分 + 精彩度分 − 纪律分。

2.2　组间竞争即时量化

2.2.1　星级小组加分

①小组合作讨论时，效果较好的小组每次加 1 分。②在课堂中回答问题或上台展示的同学在小组每次加 1 分。

2.2.2　小组总平均分

小组总平均分 = （组员个人总得分之和 + 一周星级小组总得分）/ 小组人数。

2.2.3　最佳团队评比

小组量化平均分的第一名、第二名和本周进步 3 名以上的组在本周考试小组平均分中分别 +4，+3，+4 分，两项分数之和中最高分数的小组评为最佳团队。

3 精选内容，捕捉时机，合作学习

3.1 精选内容，捕捉时机

3.1.1 对新知认知模糊、急需释疑时组织合作学习

在数学"翻转课堂"教学中，学生对课前播放微视频中的新知识的本质认识不清时，在心理上表现为迷惑、怀疑，在外部的表现为解题上的错误。这时组织学生课堂进行合作学习，展开讨论，有利于厘清学生的模糊认识。

3.1.2 在课堂教学重点、教学难点处组织合作学习

在教学过程中，教学重点、难点处多数学生会出现思维障碍，由于学生对新知的认识尚停留在浅表层面，往往即使经过个人反复的思考、实践，自身仍不能独立解决。如果此时组织合作学习，便可以发挥集体的智慧，帮助学生理解和掌握新知，形成较浓厚的研究氛围，使思维逐步走向深入。

3.1.3 在课堂实验操作、探究问题时组织合作学习

在中学数学教材中，许多数学知识需要动手实验，通过分析实验的结果去发现、探究、总结规律。在实际的动手操作过程中，有时候学生个人是无法依靠自己的智慧和行动独立完成的，这就需要融合小组成员的聪明才智，分工合作，共同完成。

3.1.4 在学生意见分歧、智慧碰撞时组织合作学习

不同的学生对于不同的问题总会持有不同的观点，一个有争议的问题提出后，孩子们往往会互不相让，争得面红耳赤。此时采用合作学习，充分发挥学生的聪明才智，有利于培养学生的合作精神、竞争意识。

3.1.5 在小组组内合作、组间竞争时组织合作学习

在教学中，教师会创设一定的活动、游戏情境，而以小组合作的形式来完成，更能使学生形成相互竞争、相互团结、相互合作的优势，学

生在这种轻松、愉悦的活动情境中学习更能体会成功的快乐、学习的快乐。

3.2　明确要求，合作学习

3.2.1　职责明确制

职责明确到人，并以明确的方式标注（如挂牌、贴桌签等方式），以便教师和学生知晓。

3.2.2　学习规范制

自学自习阶段：上课之前，在播放微视频和完成微学案时，按照学校有关课堂纪律规定，自主、安静学习，不打扰别人。

小组讨论阶段：围绕主要问题，与小组成员一起讨论，一起解决问题，不讲与问题讨论无关的语言，不做与讨论无关的动作，有效控制时间和语言精炼度。

交流展示阶段：学会倾听和尊重。一人发言时，其他小组成员注意记录，及时补充；展示阶段，小组成员不推诿，相互鼓励，友善补充，既不进行挑衅性、嘲笑性补充，又要勇敢指出其不足。

帮对落实制：每小组内部"1对1"帮扶，对学习目标、课堂纪律进行相互帮助。

小组竞争制：根据班级制定的组间竞争的制度进行良性竞争，调动组员的积极性。

4　创设平台，建立机制，激励评价

4.1　创设平台

4.1.1　评选平台

创设小组量化评比、星级小组、评讲竞赛等平台评选最佳团队和优秀个人。

4.1.2　表彰平台

利用微信平台、微课掌上通对最佳团队和优秀个人通报表扬。

4.2　评优机制

4.2.1　最佳团队评选

小组量化平均分的第一名、第二名和本周进步3名以上的组在本周考试小组平均分中分别+4，+3，+4分，两项分数之和中最高分数的小组评为最佳团队。

4.2.2　学习标兵评选

定期评选数学成绩优异前10名为学习标兵。

4.2.3　数学学霸评选

每学期各项量化总分中前10名为数学明日之星。

4.3　激励评价

4.3.1　常规奖励项目

最佳团队、学习标兵、数学明日之星。

4.3.2　特色奖励项目

共享午餐：连续两次满分的同学与师生共享午餐。

神秘咖啡屋：小组量化分中的个人总得分与阶段考试成绩总分，两项分数之和，按班成绩排名分配名额。每2－3周评出一次，每次6人，可到神秘咖啡屋喝咖啡。

奖励书法作品一副：小组量化分中的个人总得分与平时考试成绩总分，两项分数之和，按班总分量化排名、按班级三个层次的学生分配名额。每4－6周评出一次，每次6人，可得到老师亲笔书法作品一副。

第
10
章

在"双减"之下要注重作业设计的基础性、发展性、针对性、层次性、多样性、创新性。优化作业设计，减轻学生过重的作业负担，培养学习兴趣，提升学生的学习质量，构建数学教育的良好生态。

作业设计

"双减" 之下作业优化设计的实践与思考

——以《两点之间，线段最短》的作业设计为例

　　《关于进一步减轻义务教育阶段学生作业负担和校外培训负担的意见》指出，要全面压减作业总量和时长，减轻学生过重作业负担，系统设计符合年龄特点和学习规律、体现素质教育导向的基础性作业，提高作业设计质量。但当前数学作业的现状仍出现作业布置随意、题目机械重复、作业量过大、学生负担重等问题，作业设计缺乏基础性、发展性、针对性、层次性、创新性，逐步导致学生厌学，疲于应付作业，不利于学生核心素养的发展。"双减" 之下如何既做到减轻学生过重的学业负担又能提高学生的学习质量？本章以《两点之间，线段最短》的作业设计为例，谈谈作业优化设计的实践与思考。

1　教学课例

1.1　教学内容

直线、射线、线段（两点之间，线段最短）。

1.2　教学分析

"两点之间，线段最短" 的基本事实刻画了线段的重要性质，在有关线段长短的几何不等式问题中是一个基本出发点，也是后续学习 "路

径最短问题"的重要依据，并在实际生活中有广泛运用。本节课的学习有利于发展学生直观想象、逻辑推理等重要的核心素养。

1.3 学情分析

初一学生的几何基础知识和认知水平等方面还需要一个逐步适应和提高的过程。因此，在进行教学设计时，必须考虑到初一学生的学习实际情况，不能盲目拔高。在实际教学过程中，要引导学生经历观察、分析、猜想等数学活动，理解"两点之间，线段最短"，发展合情推理能力，能有条理地阐述自己的观点。

1.4 教学目标

（1）理解"两点之间，线段最短"的结论，并能用这一结论解释一些简单的生活实际问题。

（2）引导学生经历观察、实验、猜想等数学活动，发展合情推理能力，能有条理地、清晰地阐述自己的观点。

（3）初步学会从数学的角度提出问题、理解问题，并能应用所学知识解决问题。

1.5 作业目标

通过自主作业，进一步巩固"两点之间，线段最短"基本事实的理解和应用，能解释生活中一些现象的原理，让学生利用所学知识解决路径最短问题。通过作业的设计、布置及完成情况的反馈，能及时发现、分析和改进学生与教师在教与学中存在的问题，促进学生核心素养的培养。

1.6 设计思路

围绕本节课的教学重点和难点，精选作业内容。作业设计的题目要具有代表性、基础性、发展性、针对性、层次性、创新性。丰富作业类型，让学生进一步巩固新知"两点之间，线段最短"的理解。

2 作业设计

《教育大辞典》把完成学习任务的作业分为课堂作业和课外作业两大类。课堂作业是教师在上课时布置学生当堂进行检测的各种练习，而课外作业是学生在课外时间独立进行的学习的活动，检测学生是否学会了课上的知识的一种方法。课堂作业的优化设计为学生更好地完成课外作业打下基础。

2.1 课堂作业

完成时间：15 分钟内。

作业 1：基本应用

如图 10 - 1，某同学的家在 A 处，书店在 B 处，星期日他到书店去买书，想尽快赶到书店，请你帮助他选择一条最近的路线（　　）

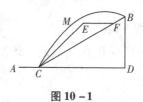

图 10 - 1

A. $A \rightarrow C \rightarrow D \rightarrow B$ B. $A \rightarrow C \rightarrow F \rightarrow B$

C. $A \rightarrow C \rightarrow E \rightarrow F \rightarrow B$ D. $A \rightarrow C \rightarrow M \rightarrow B$

设计意图：本题以填空题的设计形式及时巩固"两点之间，线段最短"的课堂新知，解答要明确：两点的所有连线中，可以有无数种连法，如折线、曲线、线段等，这些所有的线中，线段最短。

作业 2：例题变式

例题呈现：如图 10 - 2，A，B 是两个村庄，若要在河边 L 上修建一个水泵站往两村输水，问水泵站应修在河边的什么位置，才能使铺设的管道最短，并说明理由。

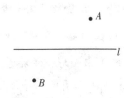

图 10 - 2

设计意图：设计动手操作类的作业，让学生有不同的作业体验，体会数学在实际生活中的广泛应用。

变式 1：如图 10 - 3，一只蚂蚁要从正方体的一个顶点 A 沿表面爬行到顶点 B，怎样爬行路线最短？如果要爬行到顶点 C 呢？请完成下列问题。

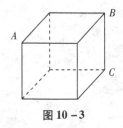

图 10 - 3

（1）图 10 - 4 是将立方体表面展开的一部分，请将图形补充完整（画一种即可）。

（2）在图 10 - 4 中画出点 A 到点 B 的最短爬行路线。

（3）在图 10 - 4 中标出点 C，并画出 A、C 两点的最短爬行路线（画一种即可）。

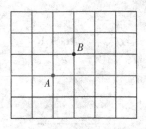

图 10 - 4

设计意图：本题对例题从平面跨越到立体进行变式研究，主要考查了立体图形的平面展开图最短路径问题，学生在观察、分析、比较路径的方案中，根据两点之间线段最短画出图形，培养学生几何直观想象的能力。

变式2：如图 10-5，已知 O 为圆锥的顶点，M 为圆锥底面上一点，点 P 在 OM 上。一只蜗牛从 P 点出发，绕圆锥侧面爬行，回到 P 点时所爬过的最短路线的痕迹如图所示。若沿 OM 将圆锥侧面剪开并展开，所得侧面展开图是（　　）

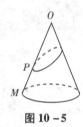

图 10-5

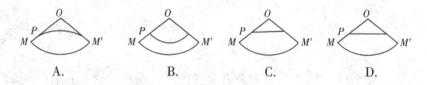

A.　　　　B.　　　　C.　　　　D.

设计意图：一题多变，此题引导学生多角度、多方向地思考问题，立体图形改变，但在平面展开图中围绕着"两点之间，线段最短"找到路径最短的方法不变。万变不离其宗，学会抓住数学的本质，也进一步培养了学生的空间想象能力。

作业3：课堂检测

题1：如图 10-6，比较大小：$AB+AC$ ____ BC，其理由是____。

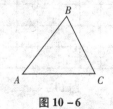

图 10-6

题2：（人教版七年级教材 P150 第 15 题）如图 10 – 7，在四边形 *ABCD* 内找一点 *O*，使它到四边形四个顶点的距离和 *OA* + *OB* + *OC* + *OD* 最小，并说出你的理由，由本题你得到什么数学结论？举例说明它在实际中的应用。

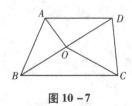

图 10 – 7

设计意图：精选作业内容，设置探究性题目，力争作业设计的题目具有代表性、基础性、针对性、层次性。题2是题1的进一步延伸，题目不同，但思路与方向一致，让学生进一步巩固新知"两点之间，线段最短"的理解，争取各层次学生都能在原有基础上有所提升，从作业中获得成就感。

2.2 课外作业

完成时间：20 分钟内。

作业1：双基巩固

必做题1：如图 10 – 8，某村庄和小学分别位于两条交叉的大路边。可是，每年冬天麦田弄不好就会走出一条小路来。你说小学生为什么会这样走呢？

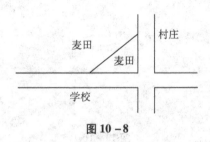

图 10 – 8

设计意图：建立数学与生活的联系，布置生活化的作业，让学生用生活化的思维去思考问题，感受数学知识的价值，提升他们完成数学作业的兴趣。

必做题2：如图10－9，某学校从教学楼到图书馆总有少数同学不走人行道，而横穿草坪。

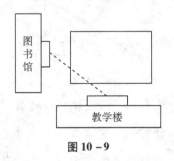

图 10－9

（1）试用所学的知识来说明少数学生这样走的理由。

（2）请问学生这样走行吗？如不行请你在草坪上竖起一个牌子，写上一句话来警示学生应该怎样做。

设计意图：从学生年龄特点出发，设计形式多样且针对不同智能发展的作业。通过跨学科、生活化作业设计，让学生体会数学与生活的关系，提高解决问题的能力，促进学生持续和全面的发展。

必做题3：如图10－10，某乡镇有 A，B，C，D 四个村庄，县供电所设立一个变压站向四个村庄供电，请标出变压站设在哪里使得变压站到四个村庄的距离和最小。

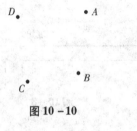

图 10－10

设计意图：本题是人教版七年级教材 P150 第 15 题的改编题。让学生模仿课堂的例题和练习来做，及时巩固双基。希望能够在作业优化设计中融入现实生活情境，从而深化作业的作用，培养学生的数学逻辑思维。

选做题：请完成以下问题。

（1）如图 10 - 11，在比较 $B{\to}A{\to}C$ 与 $B{\to}C$ 这两条路径的长短时，写出你已学过的基本事实。

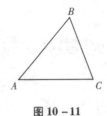

图 10 - 11

（2）如图 10 - 12，试判断 $B{\to}A{\to}C$ 与 $B{\to}D{\to}C$ 这两条路径的长短，并说明理由。

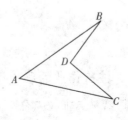

图 10 - 12

设计意图：本题为中档题。对学生的分析能力和逻辑推理能力提出了较高的要求。为了使学生形成严谨的数学思维逻辑，通过多样化的角度设问，带领学生以更加多维的视角理解数学问题，能够更加熟练地利用数学语言及数学思想分析、描述、解决问题。

作业 2：能力提升

比一比：看谁能找到的路径最多。

（1）如图 10-13，从点 A 到点 C 的最短路径是那一条？

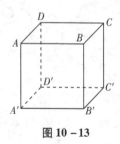

图 10-13

（2）对蚂蚁爬行最短问题的再思考：如果蚂蚁在圆柱上，这时问题发生怎样的变化？问题如何解？

（3）请把你对此问题的研究写成数学小作文，注意写出自己的学习体验。

设计意图：设置趣味性的能力创新作业，调动学生学习的兴趣，突出作业趣味性，让学生从被动学习变成主动学习。通过观察、分析、动手画图，更好地巩固本节课的重难点，培养分类讨论的数学思想和写作能力。

3 教学思考

3.1 设计分层作业，注重作业的层次性

每一个学生的知识基础以及思维能力存在差异，数学作业设计应该尊重差异，通过设计层次性作业，满足不同层次学生的需求。作业分层包括对学生合理分层、对作业量和作业难度的分层等，根据不同学生设计不同的作业，让学生根据自身情况自主选择难易程度不同的作业，让每个层次的学生都能得到发展。本节课根据学生对课堂知识的掌握情况，设计了基础题、提高题和能力题三种类型的题目。设计时注重合理分层，讲究梯度，布置弹性作业，根据学生能力差异设计了必做题和选做题。必做题有助于所有学生掌握核心的基础知识，提升学习信心和学习兴趣，

选做题可以让学有余力的学生向更高层次的题目挑战，不断提升自己的学习能力。

3.2 编制探究作业，提高作业的深刻性

为了深入学习和研究，更好地培养分析问题和解决问题的能力，教师设计作业时应着力突出探究型作业的设计，必须以培养数学抽象、逻辑推理、数学建模、数学运算、直观想象、数据分析的六大核心素养为方向进行立意设计。除了掌握课堂知识更要积累丰富的数学活动经验，促使学生形成数学逻辑思想，运用合理的数学方法解决现实问题。本节课设计了变式题和选做题等探究性作业，题目设计有层次。引导学生动脑分析、动手操作、自主探究，从浅层学习走向深度学习。培养学生高阶思维能力，培养学生的核心素养。

3.3 融入生活实际，体现作业的应用性

数学来源于生活，也应用于生活。在数学作业设计中，可贴近学生的"最近发展区"融入日常生活实际，这对激发学生学习兴趣、提升数学素养有着重要的推动作用。因此，在数学知识学习和日常实际生活的交汇处设计作业，可以增加学生的数学体验。本节课布置了一些生活化的作业，能用"两点之间，线段最短"这一结论解释一些简单的生活实际问题，能有条理地、清晰地阐述自己的观点，让学生体会数学与生活的关系，体会数学在实际生活中的广泛应用。这些有助于培养学生会用数学的眼光观察世界，会用数学的思维思考世界，会用数学的语言表达世界。

3.4 创新作业类型，丰富作业的多样性

单一、机械、重复的题海作业会让学生感觉到学习的枯燥乏味，必然影响学生们学习的主动性和积极性。教师在布置数学作业时，可以根据实际情况进行多元化设计，激发学生兴趣，可以在传统书面作业的基础上进行拓展与创新，尝试探索趣味类、变式类、阅读类、写作类、实

验类或调查类等创新类作业。本节课的作业设计适当地加入趣味类、变式类、写作类内容，有助于调动学生的学习兴趣，让学生感受数学学习的多样性、丰富性，进一步提高作业的质量。

总之，教师要根据学生的实际情况编制有趣、有效、多元化的数学作业，要注重作业设计的基础性、发展性、针对性、层次性、多样性、创新性。优化和重构作业设计，减轻学生过重的作业负担，进一步有效激发学生的学习兴趣，提升学生的学习质量，构建数学教育的良好生态。

第 11 章

错误伴随着每一位学生的学习过程，它是
一笔自然动态生成的宝贵的教学资源。学习错
误源于学习活动本身，直接反映了学生学习的
情况，蕴藏着很高的教学价值。教师应善于发
现错误，善于活用错误，挖掘"错误资源"
潜在的教学价值，引导学生反思错误。力求真
正深化学生对知识的理解，才能更好地提高课
堂的教学质量。

融错教学

例谈数学教学中 "错误资源"
有效利用的策略

心理学家盖耶认为："谁不考虑尝试错误，不允许学生犯错误，就将错过最富成效的学习时刻。"错误是一笔宝贵的教学资源，然而，在实际教学过程中，很多教师为了追求"完美流畅"，往往不顾或者逃避"错误"这个生成的资源，不暴露学生的错误，不考虑让学生尝试错误，不允许学生犯错误，急于寻找正确的答案，从而丢失了课堂中很多难得的"亮点"。在课堂教学中，如何抓住这种数学教育的契机，让错误演绎课堂的精彩呢？本文试图通过课堂实例，现将数学教学中"错误资源"有效利用策略的几个方面归纳如下。

1　容纳错误，遵循学生的认知规律

由于学生受生理、心理特征及认识水平的限制，学生在学习过程中出错是不可避免的。作为教师，面对学生已出现的错误要进行换位思考，不斥责、不挖苦学生，更多地关注学生的实际情况。要遵循学生从简单到复杂、从具体到抽象的认知规律，以"宽容之心"允许、包容、接纳学生的错误，同时鼓励学生培养其自信心，进而巧妙、合理挖掘错误资源。

案例1：学习"勾股定理"后，我发现有一道题很多学生都做错了。

190

如图 11 –1，在长方体中，$AB = 6\text{cm}$，$BC = 4\text{cm}$，$BF = 5\text{cm}$，若在点 A 处有一只蚂蚁，在点 G 处有一块甜食，蚂蚁想吃到甜食，求蚂蚁爬到甜食的最短距离？出示题目后，我先让学生说一说自己的思路。

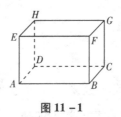

图 11 –1

生 1：要沿着长方体表面展开图爬行，我选择了正面和右侧面进行展开，展开图如图 11 –2 所示，求得爬行最短的距离是 $AG = \sqrt{AC^2 + CG^2} = \sqrt{10^2 + 5^2} = \sqrt{125}$。

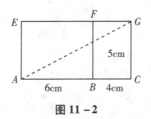

图 11 –2

这时，教师心中非常清楚这位学生思维存在局限性，所谓的"最"是要在比较之下的。当教师准备否定他的答案讲解标准答案时，发现下面的同学正按耐不住地讨论起来，教师灵机一动，不如允许、容纳他的错误，不急于点出他的问题，让其他同学讨论解决，看一看有没有意外的精彩。

师：这是最短距离吗？大家说说看。

生 2：（迫不及待地）我觉得他的解法不妥，我选择了正面和上面进行展开，展开图如图 11 –3 所示，求得 $AG = \sqrt{AB^2 + BG^2} = \sqrt{6^2 + 9^2} = \sqrt{117} < \sqrt{125}$，所以我认为最短距离是 $\sqrt{117}$。

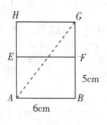

图 11－3

生3：（把手高高的举起）不对，我认为蚂蚁有三种爬行路线，为什么蚂蚁一定要像图1、图2爬呢？就不能选择左侧面和上面进行展开吗？（一石激起千层浪，众生恍然大悟）展开图如图 11－4 所示，$AG = \sqrt{AD^2 + DG^2} = \sqrt{4^2 + 11^2} = \sqrt{137}$，求得这个结果不一定正确，但不能忽略它。

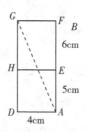

图 11－4

师：很好！那你如何选择最短距离呢？

生3：我们应该分别求出三种爬行路线的路程，比较 $\sqrt{117} < \sqrt{125} < \sqrt{137}$ 就知道最短的距离是 $\sqrt{117}$。（大家纷纷给这位同学热烈的掌声，投去赞赏的目光）

分析：此案例中，初学者很容易受直觉思维的影响，只考虑了一种路径，不能全面考虑需对多种路径进行比较，学生犯错是正常的。当学生出现错误时，老师不能回避或遮盖，更不能轻描淡写一带而过。相反，有意展开"错误"，也许能收到意外的效果。在老师的鼓励和引导下，遵循学生的认知规律，激活了孩子们的思维，也增强了学生学习的积极性和自信心。

2　活用错误，挖掘蕴藏的教学价值

错误在一定程度上反映了学生的思维水平和真实的想法，是一种有价值的资源。通常，学生的错误中也包含着一定的合理成分。教师应善于活用错误，发现错误背后隐藏的教育价值，引导学生对错误进行分析、评价，让学生从错误中深化认知。

2.1　错中变式探讨，提升学生自主探究能力

在教学中，为了让学生明白错误和更好地理解知识，教师可以组织学生组成小组进行变式探讨，要有效利用错误这一资源，向学生提供充分研究的机会，帮助他们真正理解和掌握数学思想和方法，提高他们的自主探究能力。这样，我们的课堂才是学生成长和成功的场所。

案例2：在一次"三角形"测验之后，对于题目"在等腰三角形中，有两边分别长 3cm 和 5cm，则其周长是_____ cm"，很多学生漏了答案，针对这个典型错误，在评讲答案之后，教师又做了以下两组分层变式设计，组织学生小组合作讨论。

第一组分层变式设计：

（1）在等腰三角形中，有两边分别长 3cm 和 5cm，则第三边长是_____ cm。

（2）在等腰三角形中，有两边分别长 3cm 和 5cm，则第三边长取值范围是_____ cm。

（3）在等腰三角形中，有两边分别长 3cm 和 6cm，则第三边长是_____ cm。

（4）在等腰三角形中，有两边分别长 $a$cm 和 $b$cm（其中 $a < b$），当第三边长只有唯一答案时，a 与 b 满足的关系是_____。

第二组分层变式设计：

（1）在等腰三角形中，有一角为 30°，则另外两个角分别等于_____度。

（2）在等腰三角形中，有一角为 100°，则另外两个角分别等于_____度。

（3）在等腰三角形中，有一角为 $x°$，当另外两个角度数只有唯一答案时，则 x 满足的关系是_____，当另外两个角度数有两个答案时，则 x 满足的关系是_____。

分析：很多学生的记忆在老师讲评答案之后就"烟消云散"了，那如何对错误更有效地进行训练呢？我特别地安排了两组变式设计，第一组是根据学生数学水平高、中、低层次不同而设计的，第二组是针对一些常见的典型错误，从技巧、技能、思想、方法等角度编制的"补偿练习"，组织学生深入变式探究，使学生加深对该问题的理解和掌握。

2.2　错后故设陷阱，培养学生思维的严谨性

在一错再错、不断纠错之后，错误仍然不能终止，过不了多久，学生对知识的理解就又开始模糊了，这需要再一次复习巩固。这可以在新知识学习之后的第二天或短时间内，进行知识的重现。故设陷阱是一种很好的巩固方法，可以培养学生思维的严谨性，使学生对知识的理解更加深刻。

案例 3：在学习解一元一次方程时，对于学生易犯错误的"去分母""去括号""移项"已经进行综合训练了，在后来的一节复习课中，我为了让学生用严谨的态度减少学生继续犯错，我故意设计"陷阱"，让学生辩错。

解方程：$\dfrac{x-0.1}{0.5}+1=\dfrac{0.3-0.1x}{0.2}$ 这样的解法对吗？

解：方程变形，得 $\dfrac{10x-1}{5}+10=\dfrac{3-x}{2}$，去分母，得 $2（10x-1）+$

$10 = 5 \times 3 - x$ 去括号，得 $20x - 1 + 10 = 15x - x$，移项，得 $20x - 15x - x =$

$1 - 10$ 合并同类项，得 $4x = -9$，即 $x = -\dfrac{9}{4}$。

学生经过仔细观察，发现了其中的错误：①方程变形中，学生混淆了"等式性质和分式的基本性质"，将"1"扩大了 10 倍；②去分母时，"10"没有乘以 10，"$3 - x$"没有加小括号；③去括号时，"$10x - 1$"中的"-1"没有乘以 2；④移项时，$-x$ 从等号右边移到左边没有变号。

分析：这道典型例题几乎包含了学生平时解一元一次方程时易犯的所有错误，通过故设"陷阱"，从而有助于学生巩固正确的解题思路和方法，培养学生思维的严谨性，预防错误的再次出现。教材中的例题通常都是正例和范例，同时，像这样的错误辨析也是非常必要的，能从另一个角度加深学生的理解。因此，在平时的教学中，应注意将正、反例相结合，以助于学生更好地掌握所学的内容。

案例 4：找一找我的错在哪里？

同桌两人各解一个方程组，把你认为最容易出错的地方故意做错，让你的同桌帮你纠错。

$$\begin{cases} 3x + y = 1 \\ x - 2y + 1 = 0 \end{cases} \qquad \begin{cases} 3x - 4(x - y) = 2 \\ 2x - 3y = 1 \end{cases}$$

分析：本案例让学生故意将方程组解错，用游戏的形式来让学生意识到一些应注意的问题，远比教师直接抛给学生取得的效果好得多，也点燃了学生主体意识的再度爆发，使学生的知识学习得到了自我评价和巩固，成为课堂的一个亮点。

2.3 错后掌握学情，增强课堂教学的针对性

学情是教学设计中重要的前端分析，在备课时，教师不仅要备教材，还要备"学生"，不仅要备教法，还要备学法。只有掌握好学情，才能

增强课堂教学的针对性，而平时学生的学习情况，平时经常出现的"错误"也正是研究学情的一扇窗口。

案例5：学习"反比例函数"之后，在课后作业中，我发现有一道题很多学生做错了。

题目：$y = (a+1) x^{a^2-2}$ 是一个反比例函数，求这个函数的解析式。

作业主要出现了以下几种错误：

（1）有部分学生没掌握基础知识，反比例函数的解析式有三种形式：$y = \dfrac{k}{x}$，$xy = k$，$y = kx^{-1}$，$k \neq 0$，这道题考的是第三种形式，学生对 $a^2 - 2 = -1$ 无从下手。

（2）有些学生只考虑了 $a^2 - 2 = 1$ 求出了两个答案，没考虑 $a+1 \neq 0$，答案只有 $a = 1$，对反比例函数条件考虑不够严谨。

（3）有小部分同学比较粗心，没认真审题，虽然求出 $a = 1$，但没求出解析式。

了解了学生的不同情况后，在教学时就有了针对性，这时，可以因人而异，进行分层处理：

第"（1）"类学生基础较薄弱，学习能力较差，应引导他们认真听课，抓住课堂基础知识，引导他们多观察，多比较，大胆尝试，并设置题目：$y = 2x^a$ 是一个反比例函数，求 a。

第"（2）"类学生做题考虑不周密，应引导他们进一步反思、总结。做题要多方面、多角度考虑，培养严谨的学习态度，并设置题目：$y = (a-2) x^{a^2-5}$ 是一个反比例函数，求这个函数的解析式。

第"（3）"类学生基础较扎实，但经常因为粗心大意而丢分，要引导他们认真审题，细心检查，争取少犯错，并设置题目：$y = (a-1) x^{|a|-2}$ 是一个反比例函数，求这个函数的解析式。

分析：平时在课堂中、试卷上或作业中，学生的每一次错误都是教师掌握学情的好时机，只有知道了学生的弱点和平时学生学习的薄弱环节，我们的课堂教学才能更有针对性。

3 反思错误，深化知识的抽象理解

在教学中，教师要引导学生对自己的错误进行反思总结，力求对错误的原因、解题思路、解题方法、解题规律上升到深刻的抽象理解和掌握。

3.1 自我反思，查明错因

荷兰当代著名数学教育家弗赖登塔尔指出："反思是数学活动的核心和动力。"面对错误，很多学生只会更正，却不会反思，也没用反思的习惯，不清楚自己的错因，以致于在往后的练习中一错再错。因此可以结合学生的实际情况设计表 11 – 1.

表 11 – 1

错题来源		错题摘录	
出错原因		正确解法	
错后改进			
备注			

引导学生利用这样的表格形式来对错题进行反思，首先让学生知道怎样分析错误原因，再把错题更正，得到正确结果。分析、改正错误可以请教老师，也可以和同学共同分析、改正。错误原因的分析可以建议学生从以下几方面去考虑：①基础知识不到位；②运算过程中计算方法不正确或看错题目数字计算失误；③审题不仔细；④解题方法选择不合理，解题时考虑不周全；⑤受其他知识的干扰。

对于一般的学生只简单地写出错因就可以了，而对相对学习优秀、分析能力较强的学生，要求把错误原因分析详细具体一点，再找或编一些类似的题目。根据学生的错后反思，教师也可以了解到学生真正的错误原因，及时地调整自己的教学策略，帮助学生排除学习上的障碍。

3.2 总结反思，触类旁通

在解题的过程中，题目蕴含着丰富的数学思想、方法和规律。教师应引导学生在纠错过程中总结反思，提炼出解题的方法和规律，从而起到"触类旁通"的作用。

案例6：在一节"三角形中线"的新课中，我出了一道很简单的选择题，但却有不少人做错。

如图 11-5，AD 是 $\triangle ABC$ 的中线，S_1 是 $\triangle ABD$ 的面积，S_2 是 $\triangle ACD$ 的面积，则 S_1 （   ）S_2

A. ≠   B. =   C. <   D. >

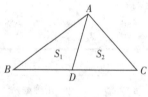

图 11-5

选 B，很多学生由于刚刚接触这种类型题，所以难免做错。本题要慢慢引导学生学习"等底同高等面积"的"等积法"。为了更好掌握这道题的解题规律，我又进行了如下设计。

师：再画中线 BE（如图 11-6）后又发现什么？

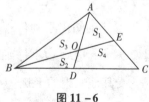

图 11-6

生：$\triangle ABD$，$\triangle ACD$，$\triangle ABE$，$\triangle BCE$ 面积相等。

生：$S_1 = S_2$，$S_3 = S_4$。

师：规律方法是什么？

生：等底同高等面积。

师：好，请大家再反思总结这种类型题方法，课后思考下面的题目。

如图 11 – 7，AD，BE，CF 是 △ABC 的中线，面积相等的三角形有哪些？

($S_{\triangle ABD} = S_{\triangle ACD} = S_{\triangle ABE} = S_{\triangle BCE} = S_{\triangle ACF} = S_{\triangle BCF}$，$S_1 = S_2 = S_3 = S_4 = S_5 = S_6$)

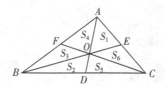

图 11 – 7

分析：本案例通过引导学生在出错之后总结反思解题的思路和方法，从而让学生对此类问题理解更深刻，更有利于逐步培养他们的自信心。

错误之所以是一种资源，其价值有时并不在于错误本身，而在于教师善于捕捉、利用学生学习时的错误，灵活地运用于课堂教学、服务于课堂教学。因此，在教学中，我们要学会容纳错误，活用错误，反思错误，在错误资源中挖掘各种生长点，有效地利用错误，使学生在错误中学会成长，使课堂因错误而更加精彩、更加有效。

第
12
章

课堂观察

课堂观察是一种研究活动。它在教学实践
和教学理论之间架起一座桥梁，为教师的专业
发展提供了一条很好的途径。课堂观察是一种
教育科学研究方法，是改善学生课堂学习、营
造学校教研文化的重要活动。

"学生课堂发言" 观察

—— 以《解一元一次方程应用题专题复习》
课堂教学为例

1　课堂观察的缘由

学生的课堂发言是提高学生口语交际能力的重要手段，同时为提高学生思维能力、表达能力和增强学生的参与意识，提供了很好的平台。不重视学生的课堂发言会影响学生良好个性和健全人格的形成。学生的课堂发言是师生之间、生生之间传递信息和交流情感的重要渠道，它对教学活动的正常开展以及教学目标的顺利完成都起着至关重要的促进作用。然而，面对教师的启发和提问，课堂中总有部分同学缺乏发言的积极性。为了改善学生的发言状况不理想的现状，我们决定开展以"学生课堂发言"为主题的课堂观察活动。

2　观察工具的设计与说明

本次观察对象为初一（12）班学生，授课内容是《解一元一次方程应用题专题复习》，表 12 – 1 是本节课基本的教学设计。

表 12 -1

教学环节	起止时间（'''-'''）	教学内容	学生活动
观看微课 学案导学	课前完成 （00′00″-7′14″）	观看视频，初步掌握用列表法解一元一次方程应用题的步骤和方法，完成导学案	任务前置 边看边学
分组讨论 交流释疑	课中完成 （00′00″-13′01″）	分组讨论、合作交流课前视频内容及导学案的疑难点，并检查修正	实例模仿 检查修正
巩固提高 互动点评	课中完成 （13′01″-21′53″）	趁热打铁，及时巩固用列表法解一元一次方程应用题，师生互动点评，交流提升	快速训练 合作互动
实时检测 成果展示	课中完成 （21′53″-37′19″）	实时检测，提供课堂展示平台，学生交流分享学习成果	实时检测 扫清障碍
梳理知识 归纳小结	课中完成 （37′19″-39′24″）	梳理本节课的知识，学生分享学习用列表法解一元一次方程应用题的学习心得	理清思路 交流分享

为了更仔细观察学生在各个环节中的发言情况，我们制定了如下"学生课堂发言情况"汇总表。

"学生课堂发言参与情况"汇总如表 12 -2 所示。

表 12 -2

	全班师生互动时发言	组内合作讨论时发言	个人举手发言
参与人数	37	27	12
所占比例	82%	60%	27%
备注：全班 45 人			

"学生课堂发言规范情况"汇总如表 12 -3 所示。

表 12 -3

	较高规范发言	一般规范发言	较低规范发言
参与人数	20	10	15
所占比例	44%	22%	34%
备注：全班 45 人			

"学生课堂发言质量情况"汇总如表 12 - 4 所示。

表 12 - 4

	机械判断	认知记忆	推理	创造型
参与人数	20	15	25	8
所占比例	44%	34%	56%	18%
备注：全班 45 人				

3 观察结果分析

综合以上三个综合表，进行统计分析。

3.1 从学生课堂发言参与情况而言

大部分同学能主动与老师、同学交流讨论，主动发言，但仍然有少部分同学没有主动交流发言的习惯。

3.2 从学生课堂发言规范情况而言

部分同学表达较为规范，但一般规范发言占了 22% 和较低规范发言占了 34%，提升其规范表达的空间较大。

3.3 从学生课堂发言质量情况而言

我们明显发现，机械判断和认知记忆比推理和创造型的发言所占比例高很多，创造型的发言只占了 18%，高级思维的发言有待提高。

4 教学建议

4.1 培养学生良好的发言习惯

4.1.1 学生不能主动举手发言的原因

有些学生平时性格内向，不善言辞，缺乏举手发言的胆量和勇气。有些学生通常比较爱面子，害怕万一说错会有损自己的颜面。有些学生胆子比较小，害怕说错，或者曾经因为说错答案而遭到教师批评和同学的嘲笑。有些学生主要是学习态度有问题，上课注意力不集中，不能积极思考，而且主观上不想回答教师的问题。

4.1.2　相应措施

对学生的课堂表现进行动态考核。对每天都能举手发言的同学实行加分奖励。另一方面，笔者也应积极营造一种良好的氛围，让学生敢于举手。

4.2　指导学生规范的发言用语

4.2.1　个人发言

这道题我是这样理解的……（大家同意我的观点吗？）

我个人认为，解决此题的关键是……

"……"这句话，我是这样理解的……

我认为，这道题目可以这样来理解……

读了这道题以后，我还有……这几处不理解，希望大家能够帮助我，谢谢！

4.2.2　代表小组发言

我代表我们小组汇报，我们小组的观点是……，希望大家批评指正！

经过本小组讨论，我们一致认为……

在本小组成员的共同努力下，我们得出了这样的结论……

4.2.3　评价用语

我来评价一下刚才第一位同学的发言……

XXX同学读书真仔细，发现了别人没有发现的细节，我很佩服他。

这个细节，XXX同学抓得特别好，反映了……

XX小组的板书清楚工整，解题过程清晰，一目了然……

XX小组的答案非常完美，值得我们学习……

4.3　实施有效发言的激励机制

4.3.1　星级小组加分

（1）小组合作讨论时，效果较好的小组每次加1分。

（2）在课堂中回答问题或上台展示的同学在小组每次加 1 分。

4.3.2　小组总平均分

小组总平均分 =（组员个人总得分之和 + 一周星级小组总得分）/
小组人数。

4.3.3　最佳团队评比

小组量化平均分的第一名、第二名和本周进步 3 名以上的组在本周
考试小组平均分中分别 + 4，+ 3，+ 4 分，两项分数之和中最高分数的
小组评为最佳团队。

参 考 文 献

［1］刘华为．基于深度学习的初中数学课堂教学［M］．上海：华东师范大学出版社，2020．

［2］刘月霞，郭华．深度学习：走向核心素养［M］．北京：教育科学出版社，2019．

［3］郑强．初中数学课堂教学55个细节［M］．成都：四川教育出版社，2006．

［4］何乃忠，等．新课程有效教学疑难问题操作性解读［M］．北京：教育科学出版社，2007．

［5］刘华为．基于深度学习的初中数学课堂教学［M］．上海：华东师范大学出版社，2020．

［6］刘月霞，郭华．深度学习：走向核心素养［M］．北京：教育科学出版社，2019．

［7］郑强．初中数学课堂教学55个细节［M］．成都：四川教育出版社，2006．

［8］郝新武．一道习题的探究与反思［J］．中国数学教育（初中版），2012（5）：25－26．

［9］何小亚．数学学与教的心理学［M］．广州：华南理工大学出版社，2011．

［10］何小亚，姚静．中学数学教学设计［M］．北京：科学出版

社，2008.

[11] 欧阳维诚. 初等数学思想方法选讲 [M]. 长沙：湖南教育出版
社，2000.

[12] 刘孝宗，徐铎厚. 初中数学深度学习的基本策略 [J]. 中学数学
教学参考，2017（14）：64-66.

[13] 郑强. 初中数学课堂教学 55 个细节 [M]. 成都：四川教育出版
社，2006.

[14] 何乃忠，等. 新课程有效教学疑难问题操作性解读 [M]. 北京：
教育科学出版社，2007.

[15] 郑强. 初中数学课堂教学 55 个细节 [M]. 成都：四川教育出版
社，2006.

[16] 何乃忠，等. 新课程有效教学疑难问题操作性解读 [M]. 北京：
教育科学出版社，2007.

[17] 郑强. 初中数学课堂教学 55 个细节 [M]. 成都：四川教育出版
社，2006.

[18] 何乃忠，等. 新课程有效教学疑难问题操作性解读 [M]. 北京：
教育科学出版社，2007.

[19] 刘华为. 基于深度学习的初中数学课堂教学 [M]. 上海：华东师
范大学出版社，2020.

[20] 刘月霞，郭华. 深度学习：走向核心素养 [M]. 北京：教育科学
出版社，2019.

[21] 中华人民共和国教育部. 义务教育数学课程标准（2011 年版）
[M]. 北京：北京师范大学出版社，2012.

[22] 教育部基础教育司. 全日制义务教育数学课程标准解读 [M]. 北
京：北京师范大学出版社，2002.

[23] 陈玉琨. 教育评价学 [M]. 北京：人民教育出版社，1999.

［24］王玮．基于小组合作学习的初中数学课堂教学设计［D］．武汉：
华中师范大学，2013.

［25］谢玉兰．小组合作学习模式在初中数学教学中的探究［D］．赣
州：赣南师范学院，2013.

［26］吴志鋐．十多年课改之路：从探究课堂到翻转课堂［J］．上海教
育科研，2014（8）：5－6.

［27］吴志鋐．十多年课改之路：从探究课堂到翻转课堂［J］．上海教
育科研，2014（8）：5－6.

［28］何乃忠，等．新课程有效教学疑难问题操作性解读［M］．北京：
教育科学出版社，2007.

［30］王维林．数学错题及错解题的教学价值［J］．初中数学教与学，
2009，351（9）：24－26.

［31］周建荣．引导学生从错误中悟错［J］．初中数学教与学，2009，
351（7）：26－29.